PABLO FOLLEGATI TEFARIKIS

PÍO XII
Y LA MENTALIDAD TECNOLÓGICA
Enseñanzas para una nueva era

EDICIONES UNIVERSIDAD DE NAVARRA, S.A.
PAMPLONA

Serie: Religión

Cupón para la Biblioteca Virtual

Accede a la versión eBook de este título por solo **1,99 €**. Con la compra de este libro puedes utilizar el siguiente cupón para la lectura en *streaming** desde la Biblioteca Virtual. **Sigue estas instrucciones** para visualizar tu libro:

1. Dirígete a la web de la Biblioteca Virtual en **https://ebooks.EUNSA.es**.

2. En la web ve a **Iniciar sesión** e introduce tu email y contraseña. Si no estás registrado, deberás completar el proceso en **Registrarse**.

3. Tras registrarte, accede a la página del libro o lee el QR de esta página. Bajo el precio podrás **insertar el código oculto en el siguiente cupón para activar la promoción**.

Despegue para visualizar

Acceso directo al eBook

Canjéalo en ebooks.EUNSA.es

*Con acceso a internet desde cualquier navegador.

© 2024. Pablo Follegati Tefarikis
Ediciones Universidad de Navarra, S.A. (EUNSA)
Campus Universitario • Universidad de Navarra • 31009 Pamplona • España
+34 948 25 68 50 • www.EUNSA.es • EUNSA@EUNSA.es

ISBN: 978-84-313-3969-2
DL NA 1541-2024

Imagen de la portada
Pio XII (1958), de Luis Fernández García, CC BY-SA 3.0, Wikimedia

Printed in Spain – Impreso en España
Imprime: Podiprint

Índice general

Resumen

La presente obra aborda la reflexión realizada por Pío XII respecto de la cuestión de la tecnología y de su papel determinante para configuración de la cultura a lo largo del siglo XX. Se trató de la primera vez en que el Magisterio pontificio otorgaba una dedicación sustancial al tema, tras lo cual llegaría constituirse en un tópico común de la Doctrina Social de la Iglesia. En principio, lo anterior se justifica fácilmente dadas las múltiples dimensiones de la vida social y económica vinculadas con la tecnología, pero para Pío XII el fenómeno significaba además un punto de encuentro con otros graves problemas culturales de su época. El más importante entre ellos radicaba en el surgimiento de una "mentalidad tecnológica", que a juicio del pontífice estaba operando como un obstáculo creciente para la vida espiritual del hombre, principalmente debido a su materialismo inherente y a la indiferencia religiosa que indirectamente promovía. Las penetrantes consideraciones de Pío XII sobre la tecnología vinieron también a unirse a reflexiones análogas de varios otros destacados pensadores de su tiempo, quienes al igual que el pontífice rcreían reconocer en esta mentalidad a una de las características fundamentales de su época, al punto de que llegó a ser relativamente común concebirla y nombrarla como una "era de la técnica".

Introducción

No es de extrañar que, al revisar el magisterio de algún papa de más o menos la última centuria, emerja en algún momento un conjunto de enseñanzas sobre temas relativamente olvidados, a causa de la preeminencia de aquellos que, en su momento, tenían más universal e inmediata repercusión. Por lo general, estos últimos se encuentran asociados a documentos o encíclicas de mayor aliento y que, por comprensibles razones, con el paso del tiempo terminan "robando" la atención frente a otros tópicos aparentemente menos llamativos o relevantes, aunque elaborados por los pontífices en su momento con el mismo ahínco e insistencia que los otros.

Un caso representativo de esta circunstancia parece ser el de Pío XII, a quien generalmente se le recuerda, con razón, por su esfuerzo desplegado en aras del cese de la Segunda Guerra Mundial , y por su preocupación posterior por lograr una sana reorganización política y económica del mundo. También se ha vuelto frecuente el interés por la "polémica" respecto del papel que tuvo Pío XII en la defensa del pueblo judío durante el Holocausto, y de su indulgencia para con el régimen nazi. La relativa inadvertencia actual de su magisterio contrasta también con la relevancia teológica de algunas de sus encíclicas, como puede ser el caso de *Haurietis aquas*, de 1956 ("sobre el culto al Sagrado Corazón de Jesús") o de *Humani generis,* de 1950 ("sobre las falsas opiniones contra los fundamentos de la doctrina católica"), como también de de *Summi Pontificatus*, su sustanciosa encíclica inaugural, publicada a poco más de un mes de comenzada la Guerra, el 20 de octubre de 1939.

A la luz de lo expuesto, no debe extrañar que un tópico como el de la tecnología no haya sido particularmente estudiado, más aún teniendo en cuenta que salvo un par de *Radiomensajes de Navidad* dedicados fundamentalmente a ella, el resto de sus reflexiones sobre el tema se encuentra disperso en numerosas y breves alocuciones a lo largo de su pontificado. Considerando lo anterior, tres son las preguntas que han guiado nuestras reflexiones: primero, si acaso las enseñanzas de Pío XII sobre la tecnología pueden tomarse como parte del magisterio social de la Iglesia; sopesar luego su valor intrínseco y, por último, si a 65 años de su muerte ellas conservan aun algo relevante que decir a nuestros tiempos, en los que la presencia de la tecnología se ha hecho considerablemente más intensa que en los tiempos de su pontificado.

Junto con lo anterior, se recoge también la convergencia de otros dos aspectos que, a nuestro parecer, complementan y enriquecen el presente estudio. El primero de ellos es de carácter más bien historiográfico, y radica en el hecho de que desde algunos años previos a su pontificado, había surgido en varios pensadores la idea de que la cultura occidental se encontraba entrando en un nuevo periodo histórico, que se sostenía en una cosmovisión o síntesis vital verdaderamente nueva, que trascendía los planos político y económico, a los cuales, sin embargo, abarcaba. En el decir de estos autores, y más allá de la diversidad terminológica que cada cual empleaba, se estaba en presencia de una nueva "era de la tecnología" o "de la técnica", —otras veces denominada "época tecnológica" o "civilización técnica"–. El principal fundamento de esta nueva época estaba constituido por una "mentalidad tecnológica" que, aunque es más fácil de describir que de definir, se la podía ya percibir operando en múltiples realidades de la vida, constituyéndose paulatinamente como el "espíritu" o "consciencia" de la época. Y considerando los varios aspectos que Pío XII abordó relacionados con la tecnología, pronto se advierte cuán amplia y explícitamente quiso hacerse cargo de esta mentalidad, principalmente al considerar sus documentos más representativos sobre el tema, como el paradigmático *Radiomensaje de Navidad* de 1953. Haciendo gala de una profundidad y lucidez admirables, el pontífice reparó tanto en los fundamentos filosóficos y epistemológicos de dicha mentalidad, como en las consecuencias que de ella se derivaban para la cultura y para la salud espiritual de los hombres.

El segundo aspecto radica en que las reflexiones de Pío XII coinciden plenamente con la preeminencia que ha adquirido en los últilmos años la preocupación por la relevancia general de la tecnología para la vida del género humano. Tal preocupación no se produce tan únicamente respecto del rol de la técnica en la configuración del entramado de las relaciones sociales de buena parte del parte del orbe, sino que también –y quizás principalmente– respecto de su trascendencia antropológica, ética y, en último término,, religiosa. La omnipresencia de la tecnología se verifica tanto en relación con los múltiples beneficios que desde hace dos siglos entrega a la humanidad, pero al mismo tiempo se hace patente que su mismo uso plantea innumerables riesgos en todas las esferas de la vida en que se encuentra presente, lo que prácticamente es lo mismo que decir que afecta todos los ámbitos humanos posibles. Por esta razón, además, dicha reflexión puede ser realizada por una larga lista de ciencias y disciplinas, cada una de las cuales, desde su propia perspectiva, puede reclamarla como objeto propio de estudio y asumirla también como problema. Y si,

como corresponde, se incluyesen también todas las realidades contenidas bajo los términos de *razón instrumental* o *tecnocratización*,
es decir, de todos aquellos saberes o prácticas susceptibles de una
racionalización sistemática de sus propios procesos y procedimientos, el número de disciplinas aumentaría considerablemente. En
incompleto listado, se podrían contar las siguientes: la Ingeniería
–en todas sus versiones–, la Medicina –tanto en relación con las
máquinas como con la práctica médica en sí misma–, las Ciencias
Alimentarias y, en fin, todas las Ciencias que puedan ponerse bajo
la denominación de "aplicadas". En las Humanidades, puede ser
asunto de las Ciencias Políticas, de la Psicología, Sociología y Pe-
dagogía –y como extensión de esta, en la gestión educativa–. Otro
tanto podría decirse de las Artes –respecto de las cuales la tecnología se transformó en un factor determinante para la creación de
las obras, al mismo tiempo en que los propios artefactos técnicos
se erigían en objetos de representación–, como también del ámbito
de los Medios de Comunicación, mundo de las redes sociales in-
cluido. Huelga nombrar que el problema de la tecnología se halla
también en la Economía, en las Finanzas y en el mundo empre-
sarial en general, e igualmente en Informática y en Estadística,
como toda la amplia gama de ámbitos laborales que pueden eng-
lobarse bajo el nombre de Administración. Considérese además la
práctica de la Política misma, en especial en lo concerniente a la
administración del estado, administración de todo tipo de órganos
de gobierno, como también en el "Arte bélico". Y sin ir más lejos,
pueden sumarse diversas ramas de la Filosofía, como la Antropología, la Ética, la Filosofía de la Naturaleza –piénsese por ejemplo
respecto de la comparación de los entes vivos con las inteligencias
artificiales– y, muy particularmente, es tópico de la denominada
Filosofía de la Cultura y de lo que se ha dado en llamar "Filosofía
de la Técnica". Mencionamos por último la Teología moral, pues
es en su marco en que debe inscribirse la Doctrina Social de la

Iglesia, y la Historiografía, saberes en los que principalmente se apoya la presente obra.

Probablemente, la principal razón que revela una clara actualidad al magisterio de Pío XII sobre la técnica, reside en el hecho de que el propio papa Francisco en la Encíclica *Laudato sì*, de 2015, haya dedicado prácticamente un capítulo entero al análisis del llamado "paradigma tecnocrático", categoría desde la cual el pontífice cree comprender una clave del *ethos* de la vida moderna. Y considerando aun la distancia temporal que nos separa de Pío XII y obviando por un momento la enorme lista de acontecimientos relevantes ocurridos desde entonces –tómese tan solo como ejemplos la revolución social y cultural de la década de los 60, la caída de los comunismos y la universalización de la cultura del consumo–, las meditaciones de Pío XII poseen una sorprendente actualidad, y pueden constituir una ayuda no solo para la comprensión de nuestra propia época, sino que representan también una perspectiva iluminadora –y en no pocos casos, profética– para la interpretación de la historia reciente.

Un último punto que considerar en orden a establecer una valoración preliminar del magisterio sobre la técnica de nuestro pontífice, radica en la notable unidad y profundidad de su síntesis, que abarca desde las más sencillas realidades y necesidades materiales del ser humano –cuya satisfacción, dicho sea de paso, es finalidad elemental de la técnica– hasta las más empinadas realidades espirituales. Para Pío XII, la mentalidad tecnológica constituye un modo de pensar parcial, desencajado de lo humano, que incapacita para comprender incluso su misma potencialidad productiva –vale decir, técnica–, y por la cual se termina desdeñando toda actividad del espíritu, que es *per se* irreductible a la "lógica del resultado". Por este camino, la mentalidad tecnológica no puede conducir sino a una ceguera respecto de cualquier realidad que trascienda al hombre, a la inconsideración de las cuestiones fundamentales de la existencia y, como consecuencia última, a una total indiferencia frente a la Revelación.

Siguiendo el derrotero descrito, el presente libro consta de tres capítulos. Se aborda primero el surgimiento de la técnica como tópico de la Doctrina Social de la Iglesia, desde la publicación de *Rerum Novarum* hasta el pontificado de Pío XII. La segunda parte corresponde a la revisión del pensamiento del pontífice respecto de la existencia y naturaleza de una *era de la tecnología,* y a su ulterior contraste con la reflexión de diversos autores de la época sobre la misma materia. El último capítulo se aboca de lleno al análisis de las consideraciones las consideraciones del papa sobre la mentalidad tecnológica y de las consecuencias nocivas que esta trae para el recto funcionamiento de las sociedades y, sobre todo, para la vida espiritual de los hombres.

Capítulo I

Tecnología y Doctrina Social de la Iglesia: antecedentes históricos y contexto general de la reflexión de Pío XII

1. Situación de la tecnología en tiempos de León XIII

Puede afirmarse que desde los comienzos mismos del Magisterio de la Doctrina Social de la Iglesia (en adelante, DSI), en el primer párrafo de su primer documento, se encontraba ya incubado de algún modo su interés la tecnología.

Despertado el prurito revolucionario que desde hace ya tiempo agita a los pueblos, era de esperar que el afán de cambiarlo todo llegara un día a derramarse desde el campo de la política al terreno, con él colindante, de la economía. En efecto, los maravillosos adelantos de la industria y de la artes, que caminan por nuevos derroteros; el cambio operado en las relaciones mutuas entre patronos y obreros; la acumulación de las riquezas en manos de unos pocos y la pobreza de la inmensa mayoría; la mayor confianza de los obreros en sí mismos y la más estrecha cohesión entre ellos, juntamente con la relajación de la moral, han determinado el planteamiento de la contienda[1].

---

1. León XIII, Encíclica *Rerum Novarum,* 1.

Entre las cinco causas de la cuestión social que menciona León XIII, la primera es la de "los adelantos de la industria y de las artes". Este fenómeno económico y social, conocido como Revolución Industrial[2] se encontraba en curso ya desde las últimas décadas del siglo XVIII, y estaba constituida por una serie de acontecimientos sin precedentes. En primer lugar, el surgimiento de significativas innovaciones en las técnicas de cultivo, circunstancia que posibilitó un incremento considerable de alimento, y a lo que la historiografía suele asociar con el aumento de población ocurrida a fines del siglo XVIII y principios del XIX. Se agrega a lo anterior una serie de inventos –tales como la máquina a vapor y las nuevas máquinas de hilar, cada vez más automáticas–, determinantes para la emergencia del sistema de producción industrial. En la base de estos cambios, como se sabe, se encontraba el incremento decisivo en la extracción de minerales como el hierro y el carbón, y la ampliación de sus posibilidades de utilización. Ambos elementos fueron fundamentales en esta etapa y dieron pie a formas de producción más eficientes. Lo anterior suscitó a su vez la necesidad

---

2. El concepto de revolución industrial puede ser algo equívoco, por carecer de las notas usualmente atribuidas a las revoluciones políticas y en ocasiones a a las científicas, tales como la intencionalidad de los agentes al inicio del proceso, la claridad respecto del momento en que se inicia, y de la voluntad de quienes la llevan a cabo por romper con lo pasado. No obstante, el uso del término está tan ampliamente extendido que puede emplearse sin que haya ambigüedad. Vale la pena destacar que ya en el siglo XIX había sido utilizado por varios autores, lo que en buena parte explica su popularización. Se cuentan entre ellos Federico Engels, y los historiadores de la economía Jerome Blanqui, y Arnold Toynbee (tío del famoso historiador, del mismo nombre). Este último publicó en 1884 un libro de conferencias titulado *Lectures on the industrial revolution in England*, que consiste en una crítica al concepto de Revolución Industrial. Cfr. Eduard AIBAR, "Revoluciones industriales: un concepto espurio", en *Oikonomics*, noviembre 2019, 12, 1-8). http://comein.uoc.edu/divulgacio/oikonomics/es/numero12/dossier/eaibar.html.

nuevos y más rápidos medios de transporte, que permitieran una difusión más expedita de los productos. Como es conocido, todos estos cambios tuvieron lugar primordialmente en Inglaterra. Algunas de potencias europeas comenzaron su industrialización 30 años más tarde, como Bélgica y Francia, mientras que en otros casos de potencias importantes, como las futuras Alemania e Italia, y fue aún más tardío. Más o menos coincidentemente con la llegada de León XIII al pontificado (1878-1903), tuvo lugar un segundo momento de este proceso, también conocido como "Segunda revolución industrial", que en muchos lugares fue vivido simultáneamente con la primera etapa. Es en estos que el petróleo y la electricidad se abrieron paso como las fuentes principales de energía, postergando poco a poco al carbón y al hierro, símbolos del empuje de la primera época.

Juntamente con lo anterior, el mundo fue testigo de la aparición de una larga lista de avances científicos y tecnológicos, que sorprenden tanto por su número y genialidad, como por la velocidad con que iban apareciendo, uno tras otro. La mayoría de los inventos y descubrimientos ocurrieron en el periodo que transcurre entre 1860 y 1906 (año de la primera transmisión radial), aunque el grueso se concentró entre 1870-1890.

El punto se puede ilustrar pasando revista a algunos de los principales avances científicos y a la lista de inventos del periodo[3]:

a. En Astronomía se estimaron las distancias siderales a través del estudio de las estrellas. Se pudo así tener una mayor noción de la inmensidad del universo.

---

3. Para los datos nos valemos del excelente estudio de José Luis COMELLAS, *El último cambio de siglo*, Barcelona, Ariel, 2000. Para el análisis completo de los avances científicos, pp. 45-80; para los avances tecnológicos, pp. 81-109. De modo más sintético, del mismo autor, *Historia Breve del Mundo Contemporáneo*, 2ª ed., Madrid, Rialp, 2000, pp. 157-161.

b. En Química, se profundizó en el conocimiento del mundo
    microscópico; Mendeleiev fijó la tabla periódica en 1869;
    se descubrió que los átomos no eran realmente "indivisi-
    bles" –como su nombre lo indicaba– y quedó mejor deli-
    mitada la esfera propia del saber fisicoquímico.

c. En Biología, Mendel descubrió en 1865 las leyes de la ge-
    nética, aunque su significación solo fue comprendida hacia
    finales de siglo; Schwann descubrió la estructura celular, y
    Pasteur y Koch, entre 1870 y 1875, ahondaron significati-
    vamente en el conocimiento de los microorganismos y en
    su poder patogénico, lo que posibilitaría la aparición de las
    vacunas, terapia que había sido previamente desarrollada
    por Jenner a fines del siglo XVIII, como medio para com-
    batir la viruela–.

d. También se pueden considerar los descubrimientos geo-
    gráficos: numerosas zonas desconocidas o inexploradas del
    globo terráqueo fueron descubiertas y "conquistadas" por
    el hombre occidental, como fue el caso de buena parte del
    África subsahariana; en Asia, se exploraron zonas de la In-
    dia y Nepal, entre ellas el monte Everest, como también
    sucedió con otras grandes cumbres del mundo. También
    fueron mejor conocidas las profundidades marinas, mares
    y estrechos no navegados y, al final del proceso, los po-
    los. Se fijaron además los husos horarios y las coordenadas
    geográficas, que facilitaron y regularon los viajes y lo con-
    cerniente a la cronometrización mundial. Por último,cabe
    agregar el importante desarrollo de la cartografía.

e. A medio camino entre los avances científicos y los inventos
    se encuentran los descubrimientos de nuevos materiales y
    energías, conjuntamente con mejoramientos sustanciales a
    la fabricación y utilización de otros ya existentes. Descon-
    tando el petróleo y la electricidad, se debe contar el uso

universalizado del acero, el caucho, la multiplicación de los usos del cobre (sobre todo por su utilidad para la electricidad), el mercurio, el cromo, nuevos usos de la celulosa, el inicio de la utilización de materiales plásticos y el *rayón* o seda artificial.

f. En relación con los avances tecnológicos e inventos, lista que sigue a continuación da cuenta de su relevancia y número, como también de la velocidad con que aparecieron[4]:

Tal era el "ambiente material" y tecnológico de la cultura en los últimos años del siglo XIX, cuando en 1891 León XIII publicó *Rerum Novarum*.

1832	Turbina hidráulica (Fourneyron)
1835	Revolver (Colt)
1837	Telégrafo eléctrico (Morse y otros el mismo año.
1857	Convertidor de acero (Bessemer)
1857	Coches camas (Pullman)
1858	Máquina de coser (Howe, Singer)
1859	Combustión del petróleo (Drake)
1859	Hélice propulsora (Ericsson)
1860	Pavimentación con asfalto
1861	Cerilla (Lundström)
1862	Convertidor (Siemens)
1863	Máquina frigorífica (Tellier)
1864	Bicicleta (Lallement, Meyer)
1865	Refrigeración artificial, frigorífico (Linde, Tellier)
1865	Calefacción central por radiadores)

4. Comellas, *El último cambio de siglo*, pp. 84-85.

1866	Dinamita (Nobel)
1867	Cemento armado (Ingenieros franceses)
1868	Dínamo (Gramme)
1870	Horno eléctrico (Siemens)
1870	Celuloide, plásticos (Hyatt)
1871	Ascensor (Otis)
1873	Dinamo (Siemens)
1876	Teléfono (Graham Bell)
1879	Lámpara eléctrica (Edison)
1881	Tranvía eléctrico
1883	Ametralladora automática (Maxim)
1884	Turbina (Parsons)
1884	Linotipia (Mergenthaler)
1885	Iluminación a gas por incandescencia (Auer)
1886	Motor de explosión (Daimler)
1886	Fotografía con película (Eastman)
1887	Alternador (Tesla)
1889	Seda artificial (Chardonnet)
1890	Dirigible (Zeppelin)
1892	Motor de combustión interna (Diesel)
1895	Telegrafía sin hilos (Marconi)
1895	Cinematógrafo (Lumiére)
1896	Radiactividad (Becquerel)
1897	Automóvil de gasolina
1902	Avión (Hnos. Wright)
1905	Telefonía sin hilos, radio (Marconi)

Este nutrido panorama de avances no pudo haber pasado desapercibido para la Iglesia, pero constituía en lo inmediato tan solo parte de un contexto que presentaba problemas más urgentes. En primer lugar, se contaban los de carácter político, como el planteado por la influencia del socialismo en las clases trabajadoras, el anticlericalismo cada vez más agresivo que se extendía por buena parte de Europa –en particular, en Francia y Alemania, donde por momentos adquirió un carácter derechamente persecutorio– y, el más grave de todos, la secularización general de la cultura, hacia donde convergían todos los demás problemas. Al mismo tiempo, todo este conjunto de situaciones estaba también teniendo lugar, siguiendo su propio ritmo, en Hispanoamérica.

Pero tanto o más acuciante que los asuntos recién mencionados lo constituía la tragedia de la "cuestión social", que desde hacía ya algún tiempo desafiaba a las principales sociedades occidentales. En efecto, la cuestión social terminaría a la larga transformándose en un desafío ineludible para la conciencia de los cristianos.

2. *Rerum Novarum* y los problemas sociales de su época

El párrafo de apertura de *Rerum Novarum* reproducido al comienzo, constituye algo así como una síntesis de la cuestión social, y servirá de guía para describir brevemente sus distintas aristas. En primer lugar, León XIII nombra las novedades industriales ya descritas, que condujeron a los pueblos "por nuevos derroteros", todo lo cual produjo efectos sociales concretos de los que sería necesario hacerse cargo.

El segundo problema fue la tendencia del nuevo sistema económico y financiero a propiciar la fusión de enormes capitales que hicieran posible la realización de vastas empresas, que ningún privado era capaz de solventar por sí solo. Las ganancias de estos grupos llegaron a ser inestimables. Con toda tranquilidad puede afirmarse que, con distancia, nunca antes se habían llegado a reunirse semejantes sumas de dinero. El resultado, como se sabe, fue que una gran parte de la riqueza terminó concentrándose en pocas manos, mientras que la inmensa mayoría de la población resultó viviendo en una pobreza y miseria hasta entonces desconocida[5]. Esta disimetría provocó, naturalmente, una enorme desconfianza entre estos dos mundos, y suscitó un vivo deseo de justicia de parte de los obreros y también de la que hoy llamaríamos "clase media" y "media baja".

El tercer problema derivaba de los dos primeros, y radicaba en la urgencia de volver a establecer relaciones mínimamente justas entre los nuevos patrones y obreros, las cuales habían sido en su base destruidas por diversos factores. Entre ellos, los cambios económicos, la evolución del sistema financiero, las modificaciones legales y sociales que habían acabado con los gremios y –quizás principalmente–, por la difusión de una nueva ética, pragmática y severa, proveniente principalmente de países con influencias puritanas, y que pronto se reveló sencillamente inhumana. El nefasto resultado de todo lo anterior fue, en una palabra, que el sistema económico acabó por concebir a los obreros como meras piezas del engranaje productivo, quedando así en la práctica y quedase en la práctica ignorada su dignidad de personas.

El cuarto elemento considerado por el pontífice consistía en la creciente confianza que los obreros habían adquirido en sus propias capacidades organizativas. Esto reforzaba su potencial político y la posibilidad de perseguir soluciones tanto concretas como estructurales al problema que universalmente los aquejaba, pero

---

5. No obstante, en los países más desarrollados la tendencia fue al crecimiento de las clases medias, lo cual frenó la tensión del problema obrero, alejando las posibilidades de una revolución de carácter socialista.

dada la naturaleza de los sistemas políticos del momento, que los mantenía excluidos de la participación política, no fue infrecuente la tentación de buscar estas soluciones a través de vías violentas. El último elemento que el pontífice trata detenidamente en la encíclica consiste en la relajación o empeoramiento de las costumbres, problema que provocaba graves consecuencias humanas y sociales. Entre ellas, las más dramáticas eran las que causaba indirectamente la misma miseria: el hacinamiento, el alcoholismo y la prostitución, todo lo cual redundaba en un gran deterioro de las familias. También aquí ha de contarse el enorme daño espiritual y religioso que todo el conjunto provocaba entre los obreros, ya fuese por la carencia de una adecuada asistencia pastoral, ya por la falta de tiempo o por la misma lucha para salir de la miseria.

En directa relación con los problemas arriba tratados, el pontífice manifestaba gran preocupación por la influencia entre las clases obreras de las ideas socialistas, que habían irrumpido con fuerza en las últimas décadas, proponiéndose ellas como la única solución político-social, tanto para el problema obrero como para los de la sociedad en general, incluidos los de naturaleza moral.

El socialismo suscitaba en León XIII dos grandes reparos: el más inmediato consistía en la errada concepción respecto de la propiedad privada y de lo que tenían que ser las relaciones económicas que se derivaban de ella. Para el pontífice estas soluciones no traían sino una serie de consecuencias negativas tanto para los obreros como para la sociedad en general. Si bien la Iglesia también se distanciaba del liberalismo, la otra ideología de la época a la que se enfrentó decididamente, compartía con él la idea –aunque con algunos matices– de que propiedad privada era indispensable para el libre desarrollo de la persona humana. El segundo reparo apuntaba a un nivel más profundo, y consistía en que el socialismo se apoyaba en una cosmovisión materialista, cerrada a cualquier tipo de trascendencia y declaradamente contraria a la verdad cristiana.

Es de notar que a la cuestión del socialismo León XIII concede una especial importancia en la encíclica[6].

En síntesis, se puede afirmar que la reflexión sobre la tecnología se encontraba virtualmente presente en el origen de la DSI, en especial porque el conjunto de las "cosas nuevas" que provocaron la cuestión social habían tenido como soporte material precisamente las novedades tecnológicas de la época. Es importante tomar en cuenta que, una vez abierta en la Iglesia vía a la reflexión sobre asuntos propios del orden temporal, se posibilitaba también el asumir como objeto de análisis cualquier otra realidad social, incluida naturalmente la tecnología, en la medida en que tales realidades estuviesen repercutiendo de un modo u otro en la sociedad y se relacionasen de modo más o menos relevante con el bien integral del hombre.

3. Breve recorrido del Magisterio Social de la Iglesia anterior a Pío XII

Como es conocido, la encíclica *Rerum Novarum* constituyó un punto de inflexión para el Magisterio de la Iglesia, al haberse decidido un pontífice a abordar asuntos de orden natural que, *in recto,* pertenecen al ámbito temporal[7]. Su publicación significó «un

---

6. Y ya en el comienzo de su pontificado, León XIII había dedicado especialmente al problema del socialismo la encíclica *Quod apostolici muneris* (1878).

7. Sobre el sentido en que propiamente se puede afirmar que *Rerum Novarum* efectivamente constituye el comienzo de la DSI, dice: «La solicitud social no ha tenido ciertamente inicio con ese documento, porque la Iglesia no se ha desinteresado jamás de la sociedad; sin embargo, la encíclica *Rerum Novarum* da inicio a un nuevo camino: injertándose en una tradición plurisecular, marca un nuevo inicio y un desarrollo sustancial de la enseñanza en campo social». Consejo pontificio justicia y paz, *Compendio de Doctrina Social de la Iglesia,*

punto de llegada y uno de salida» en la reflexión de la Iglesia sobre temáticas temporales[8]. En el comienzo de *Quadragesimo anno,* Pio XI afirma que una de las peculiaridades de aquella encíclica fue el hecho de haberle otorgado al género humano muy oportunamente «normas más seguras para resolver adecuadamente ese difícil problema de humana convivencia que se conoce bajo el nombre de cuestión social"»[9].

Al interior de la Iglesia, surgió la preocupación acerca de cuál debía ser para los católicos la forma más adecuada de actuar respecto del el problema obrero, lo mismo para sacerdotes y laicos. La mirada de estos se dirigió a León XIII, dice Pío XI, pero también la de los expertos sociales, patrones y obreros[10]. Aquel pontífice se había resuelto a enseñar «a toda la Iglesia de Cristo y a todo el género humano»[11], con el fin de comunicarle al mundo una concepción de la sociedad y de los principios que la deben regir que fuesen coherentes con la naturaleza humana, y también para animarla a emprender nuevos caminos de acción que realmente promovieran el bien común[12].

La encíclica *Rerum Novarum* continuó ejerciendo una gran influencia moral, social y política, principalmente en los países católicos de Europa, pero también en algunos mayoritariamente

---

2004, 87. Este texto refiere, a su vez, al *Catecismo de la Iglesia Católica:* «La doctrina social de la Iglesia se desarrolló en el siglo XIX, cuando se produce el encuentro entre el Evangelio y la sociedad industrial moderna, sus nuevas estructuras para producción de bienes de consumo, su nueva concepción de la sociedad, del Estado y de la autoridad, sus nuevas formas de trabajo y de propiedad», 2421.

    8. Constant VAN GESTEL, *La doctrina social de la Iglesia,* Barcelona, Herder, 1959, p. 81.

    9. Pío XI, *Quadragesimo anno,* 1931, 2.

    10. Pío XI, *Quadragesimo anno,* 7

    11. Pío XI, *Quadragesimo anno,* 8.

    12. Pío XI, *Quadragesimo anno,* 9.

protestantes, como Alemania[13]. Lo mismo sucedió en los países americanos en los que, con algo de retraso, tuvo un importante papel durante las primeras décadas del siglo[14]. No obstante, en los 40 años que median entre su publicación y la de *Quadragesimo Anno* (1931), no hubo un desarrollo global relevante del Magisterio Social, y por eso no extraña que los pontífices no se hubieran pronunciado durante ese tiempo sobre asuntos relacionados con la tecnología. Lo mismo ocurrió con la propia *Quadragesimo anno*, a pesar de haber significado una actualización sustancial de las enseñanzas de León XIII, e Idéntico escenario se puede observar en los quince años que siguieron a su publicación.

Sin embargo, a continuación de la Segunda Guerra Mundial, tímidamente al comienzo e insistentemente ya hacia 1950, el papa Pío XII acometió de modo inédito y recurrente la tarea de reflexionar sobre los efectos materiales, morales, sociales y espirituales de la tecnología en la vida de los hombres. Se inaugura, de esta manera el apartado del Magisterio sobre la tecnología, cuya continuidad se puede verificar hasta el presente[15].

13. Vicente CÁRCEL, *La Iglesia en la Época Contemporánea*, Madrid, Palabra, 2003, pp. 249-255.

14. Existen algunos estudios sobre el caso chileno, como por ejemplo Patricio VALDIVIESO, *Dignidad humana justicia. Historia de Chile, la política social y el cristianismo. 1880 1920*, Santiago de Chile, Pontificia Universidad Católica, 2006.

15. En los últimos años, destaca especialmente la dedicación que le otorga el papa FRANCISCO en la encíclica *Laudato si*, de 2015, sobre todo en el tercer y cuarto capítulos, si bien su consideración está de algún modo presente en toda la encíclica. También se encuentran párrafos importantes en las exhortaciones apostólicas *Amoris laetitia*, de 2016, 275 y 278, en relación con la educación de los hijos, y la Exhortación Apostólica *Christus vivit*, de 2019, 82 y 90, sobre los riesgos que las nuevas tecnologías tienen para los jóvenes. Recientemente, en la encíclica *Fratellli tutti*, de 2020, particularmente el primer capítulo, el papa se refiere a los variados riesgos de orden antropológico de las actuales tecnologías, 27, 31, 33 y 193. *Caritas in Veritate* (2009), de BENEDICTO XVI contiene

Como se mencionó más arriba, en *Rerum Novarum* **León XIII** se había dado a la tarea en de diagnosticar las causas de los problemas sociales de su época, para proponer a continuación algunos principios generales –tanto antropológicos, éticos y políticos–, fundamentales para una recta organización de la sociedad y desde los cuales avanzar hacia soluciones concretas del drama obrero. Con este documento, la Iglesia se obligaba a una triple misión en relación con los temas sociales: «iluminar inteligencias, formar las conciencias y, por sus instituciones, prevenir las necesidades y remediar los abusos (quehacer doctrinal, pedagógico, social y caritativo)»[16]. Considerado el problema obrero en su conjunto, la solución requería según León XIII una acción coordinada entre la Iglesia, el Estado y las asociaciones libres, estas últimas defendidas y promovidas vivamente por el pontífice.

El primer documento que representó explícitamente una continuidad en la línea de *Rerum Novarum* fue la encíclica *Graves de comunii re*, de 1901, del mismo Pontífice. Su tema central es el análisis de la noción de democracia a la luz Magisterio de la Iglesia, y su fin era dilucidar si, según la recta doctrina, era o no posible concebir y promover una "democracia cristiana". El papa contesta afirmativamente a la cuestión, siempre y cuando se la distinga con claridad de la que llama "democracia social", a su juicio sostenida en principios errados. También se aborda brevemente lo ocurrido con posterioridad a la publicación de *Rerum Novarum* y de los efectos que ella había producido en los diez años transcurridos. Habiendo precisado cómo debía concebirse una democracia propiamente cristiana, el papa precisa luego el

---

también una maciza reflexión sobre la técnica y su relación con el desarrollo humano integral, muy en la línea de PABLO VI en *Populorum Progressio*, de 1967, y en la del Magisterio de Pío XII.

16. VAN GESTEL, *La doctrina social de la Iglesia*, p. 90.

lugar que efectivamente debe tener entre los cristianos la preocupación por los problemas de la clase obrera. Incitaba así a la acción, pero recordando al mismo tiempo que las soluciones no podían reducirse a los aspectos económicos y que junto con la «caridad corporal» debe también ejercitarse, de modo eminente, la «caridad espiritual»[17].

Llama la atención en este punto que el pontífice utilice libremente el adjetivo de "social" a documentos anteriores a *Rerum Novarum* y que se refiera a ellos como sus antecedentes, a la que se considera. Entre estos documentos se cuenta la ya citada encíclica *Quod Apostolici muneris,* dedicada al problema del socialismo, publicada en 1878, su primer año de pontificado[18].

De **Pío X** debe incluirse el Motu Proprio de 1903 titulado *Fin dalla Prima,* conocida en español como *Sobre el régimen de Acción Católica Popular.* Estaba dirigida a todos los cristianos que se dedicaban a la política, a quienes recuerda y explica las enseñanzas fundamentales de León XIII en materia social. En la encíclica *Il fermo propósito,* de 1905, el papa propone a los obispos italianos algunas directrices desde las cuales abordar el problema social, y explica el sentido que debe tener para los católicos toda de actividad relacionada con él. En 1910, publicó la encíclica *Notre charge apostolique,* dirigida a los miembros del movimiento político francés *Le Sillon.* En ella se condenaban varias de sus afirmaciones, que se apartaban del magisterio de la Iglesia, principalmente frente a temas de orden político. En 1912, dirigió a los obispos alemanes el documento *Singularis quaedam,* cuyo objetivo fue aclarar la disputa que existía en ese país respecto del grado de confesionalidad que se debiera exigir a las asociaciones profesionales.

---

17. León XIII, *Graves de Comunii,* 1901, 1-4. Versión en español en www.mercaba.org.
    18. León XIII, *Graves de Comunii,* 1901.

El breve pontificado de **Benedicto XV** (1914-1922) estuvo marcado por el incansable esfuerzo que desplegó para detener a la Primera Guerra Mundial y para fomentar prácticas mínimamente humanitarias entre los países en conflicto. Terminada la Guerra, este papa se abocó intensamente a cooperar con la solución de los múltiples conflictos tanto diplomáticos como internos de los estados, que habían derivado de las tratativas de paz, de las crisis y caídas de una serie de gobiernos y del desmembramiento de los imperios. En ese contexto publicó, en 1920, la encíclica *Pacem Dei munus* o, en español, *Sobre la restauración cristiana de la paz*. Trata en ella algunos temas sociales, tales como la proposición de principios conciliatorios entre el capital y el trabajo, y llama además con urgencia a los cristianos a trabajar por el bien común y a hacerse cargo de las miserias de todo tipo que había dejado la Primera Guerra Mundial.

En 1931, al cumplirse cuarenta años de la publicación de *Rerum Novarum*, **Pío XI** redactó la ya mencionada *Quadragésimo Anno,* encíclica que en muchas partes del mundo tendría una decidora influencia en la formación de grupos políticos católicos y de diversa índole.

En la primera parte del documento, el papa recuerda los puntos esenciales de la encíclica de su predecesor y en los beneficios que trajo para las sociedades en las cuales se hicieron intentos por materializar sus principios. En la segunda parte, explicita los fundamentos necesarios a partir de los cuales fomentar la justicia y el bien común en las sociedades, entre ellos, el derecho a propiedad, la necesidad de establecer relaciones sanas entre capital y trabajo, el justo salario, la liberación rectamente entendida del proletariado, el papel relevante que deben llevar a cabo los cuerpos profesionales y, por último, los beneficios de fomentar la organización de patronos y obreros en instancias comunes, a fin de favorecer la concordia entre las partes, y trabajar por la promoción de la justicia y de la caridad cristiana.

La tercera parte narra la evolución del capitalismo, desde su versión típicamente industrial del siglo XIX hasta el llamado "capitalismo financiero", el cual, por su propia naturaleza, dificultaba sobremanera las relaciones entre el trabajo de los obreros y el capital. Aborda luego el papa la evolución que desde entonces había tenido el socialismo, que se había dividido entre un comunismo radical del tipo soviético, y una vertiente más moderada, propia de regímenes democráticos. Y a pesar de celebrar esta moderación, reafirma con claridad la incompatibilidad de principios existentes entre la visión socialista y la fe católica. Concluye el pontífice proponiendo algunos remedios a la cuestión social, imposible de solucionar sin atender debidamente a los principios sociales cristianos.

En el resto del magisterio de Pío XI se encuentran también otras tantas reflexiones inéditas sobre doctrina social, principalmente en aquellos documentos dedicados a las grandes ideologías de la época. En ellas, vuelve sobre los principios básicos necesarios para la justa organización social, en contraste con los errores del fascismo (*Non abbiamo bisogno,* 1931), del comunismo ateo *(Divini Redemptoris,* 1937) y del nacionalsocialismo *(Mit brennender sorge,* 1937).

Hasta el pontificado de Pío XII no se aprecia entonces un catálogo realmente numeroso de documentos directamente dedicados a la doctrina social, no obstante, los dos principales –*Rerum Novarum* y *Quadragesimo Anno*– fueron de gran relevancia. Pero, como se adelantó, no se encuentran aún menciones especiales al problema de la tecnología en cuanto tal.

4. Evolución de la tecnología desde León XIII hasta Pío XII

¿Qué había ocurrido con el desarrollo de la tecnología desde que León XIII mencionara de pasada a «los maravillosos adelantos de la industria y de las artes», como una de las causas de la cuestión social, hasta la llegada de Pío XII?

A partir de entonces, y siguiendo la marcada tendencia que provenía del siglo XIX, muchas otras "cosas nuevas" de diversa índole aparecieron en el horizonte, de las que la Iglesia progresivamente fue haciéndose cargo: el avance del socialismo, la Primera Guerra Mundial, la instalación del comunismo en Rusia, el avance del secularismo y múltiples cambios importantes en las costumbres. A continuación, el surgimiento de los fascismos y, en fin, la crisis económica de 1929, que recrudeció el problema obrero y causó severas consecuencias en todo el mundo, además de haber tensado gravemente las relaciones internacionales en Europa y en el mundo en general.

Pero, paralelamente, el desarrollo de las virtualidades de la tecnología continuó su rumbo, y con el pasar de los años llegó a transformarse en asunto de la mayor importancia para una buena parte del mundo. Los avances técnicos produjeron importantes cambios culturales, al haber modificado diversos aspectos de la vida cotidiana: ejemplos señeros son la masificación del automóvil, del teléfono, del cine y de la radio. También las relaciones internacionales fueron significativamente alteradas por la tecnología, debido a la creación de nuevas armas y otros recursos para la guerra: su misma proliferación fue también de algún modo una causa de la segunda Guerra Mundial. La relevancia de la tecnología bélica llegaría luego a su punto más alto con la invención de la bomba atómica, cuya influencia puede verificarse hasta el presente. Y entre los primeros lugares debe situarse a la invención de la aviación, que transformó de modo definitivo la velocidad de los transportes y de las comunicaciones, y modificaría enormemente la forma de llevar a cabo los conflictos armados.

Pero durante el pontificado de Pío XII parecía vivirse un momento particularmente fecundo en nuevos inventos y logros cien-

tíficos. El mismo papa realizó una extensa reflexión al respecto
–que en lo esencial constituye el tema fundamental del presente
libro–, constatando en varias oportunidades que en sus tiempos
se vivía una "segunda revolución industrial" o "época técnica",
caracterizada entre otras cosas por el nivel rutilante de los avances
científicos y tecnológicos del momento. Al igual que el papa, muchos contemporáneos percibieron que tal estado de cosas traería
importantes consecuencias para la humanidad, idea que se acre-
centó luego del fin de la Segunda Guerra Mundial.

Una lista de los principales logros científicos y tecnológicos
de la época, más o menos coincidentes con los años del pontificado de Pío XII, nuevamente puede ayudar a graficar el talante de
la época. Ciertamente, entre ellos se cuentan algunos que no se
masificarían hasta varios años después, pero de igual modo cabe
incluirlos para aquilatar mejor la dimensión de los cambios: Puede
señalarse el aerosol (1941), el reactor nuclear (1942), los misiles
(1942), la estreptomicina (1944), la computadora (1945), la bomba
atómica (1945), el horno microondas (1947), la tarjeta de crédito
(1950), la fotocopiadora (1950), la comercialización masiva de la
guitarra eléctrica (1950), la bomba de hidrógeno (1952), la vacuna
contra la poliomielitis (1952), el descubrimiento de la estructura
del ADN (1953), el radio de transistor (1954), el submarino nuclear (1954), el primer trasplante de órganos (1954), el marcapasos
(1956), la cinta de video (1956) y la puesta en órbita de los primeros satélites artificiales (1957). Muy importante es el caso del
televisor, que databa de 1926, pero que recién en la década del
30 se comercializó en unos pocos países, para luego masificarse
lentamente durante los años 50, principalmente en los países desarrollados.

Como ocurre a veces con los conflictos bélicos, la Segunda
Guerra Mundial apuró muchos avances técnicos y favoreció la
aparición de otros nuevos, y con seguridad fue la bomba atómica

la principal causa que forzó a preguntarse en aquel entonces por la naturaleza de los nuevos tiempos: la humanidad podría, si quisiera, acabar con la vida humana sobre la tierra. Nada expresaba mejor en ese momento las dimensiones del poder que había alcanzado el hombre[19].

5. Probable punto de partida de la reflexión de Pío XII sobre la tecnología

Cabe preguntarse ahora por las razones que más directamente llevaron a Pío XII a tratar crecientemente en su magisterio el tópico de la tecnología, y por las que llegó a considerarlo un problema que exigía ser continuamente resaltado, profundizado y explicado a la Iglesia y a los fieles. Pueden proponerse al respecto dos razones fundamentales.

La primera y más inmediata, radica en que los nuevos inventos y usos tecnológicos destinados a la producción y planificación de múltiples actividades, plantearon desafíos que exigían ser abordados desde una perspectiva humana integral y de miras sobrenaturales. Todo esto tenía el doble propósito de advertir primero sobre los peligros concretos implícitos en la misma naturaleza de las novedades tecnológicas y, luego, de animar a los cristianos a no someterse irreflexivamente a su lógica intrínseca, y a usar de ellas

19. En el *Discurso a los miembros de la Pontifica Academia de Ciencias*, del 8 de febrero de 1948, refiriéndose Pío XII a la bomba atómica –«el arma más terrible que la mente humana ha concebido hasta ahora»– se pregunta: «¿Con qué voces deberíamos juzgar ahora a los que han golpeado y doblegado a nuestras generaciones con una técnica incomparablemente más avanzada, puesta al servicio de su obra de destrucción y exterminio? ¿Qué desastres esperaría la humanidad de un conflicto futuro si fuera imposible detener o frenar el uso de invenciones científicas cada vez más nuevas y sorprendentes?».

de modo creativo y orientarlos hacia el fomento del bien integral de la persona humana[20].

La segunda razón, de más largo alcance, consistió en que al pontífice se le hacía cada vez más patente que se había consolidado en la cultura occidental una "mentalidad tecnológica" o "espíritu técnico" que, paralelo a los logros que exhibía, se revelaba como denominador común de una serie de problemas sociales y espirituales de su tiempo. Esta mentalidad parecía estar erigiéndose en el en el verdadero motor que llevaba adelante la historia. Aunque en el capítulo siguiente este importante tópico será tratado *inextenso,* cabe esbozar una breve reflexión al respecto.

La principal característica de esta mentalidad consistía en que incitaba a depositar toda la esperanza del hombre en su propia capacidad científico-técnica, gracias a la cual se había alcanzado un dominio de la naturaleza –incluida la del hombre– ni siquiera soñada en el pasado. Según esta mentalidad, esta capacidad haría posible llegar realmente a satisfacer todas las necesidades materiales de la humanidad y, con el tiempo, las de cualquier otra índole. En otras palabras, gracias al poder otorgado por el desarrollo científico-técnico, el hombre podía ahora encontrar por fin una importante autonomía respecto de la naturaleza, lo que a su vez transmitía una nueva "sensación de seguridad".

---

20. «La economía y la técnica son fuerzas útiles y aun necesarias, siempre que permanezcan obedientes a las exigencias espirituales superiores; se vuelven peligrosas y nocivas cuando se les da una predominancia indebida y, por así decir, la dignidad de un fin en sí. El papel de la Iglesia consiste en hacer respetar aquí el orden de los valores y la subordinación de los factores de progresos materiales a los elementos propiamente espirituales». pío xii, *Alocución al Cuerpo Diplomático acreditado ante la Santa Sede,* 4 de marzo de 1956. Se trata de una idea básica que el papa enseña repetidas veces. También *en Alocución a participantes en el Primer Congreso Internacional de Histopatología del sistema nervioso,* 13 de septiembre de 1952.

En este contexto, no ha de extrañar que Pío XII percibiera la necesidad de reflexionar y de llamar la atención sobre esta "atmósfera cultural" ya palpable, y se diese a la tarea de iluminar y despertar las conciencias de los cristianos. El papa quiso otorgar criterios que hicieran posible discernir los evidentes aspectos positivos de los avances tecnológicos y que en sí mismos no se oponían al plan de Dios, de aquella mentalidad de tipo *fáustica* subyacente a aquella atmósfera, que se revelaba manifiestamente refractaria a la fe.

De esta manera, la tecnología cumplía con creces con aquella condición requerida para que cualquier tópico cultural llegara a ser objeto de la DSI: que se tratase de algún asunto sobre los que fuera necesario examinar «su conformidad o diferencia con lo que el Evangelio enseña acerca del hombre y su vocación terrena y, a la vez, trascendente, para orientar en consecuencia la conducta cristiana»[21]. O también, en palabras del Concilio Vaticano II, en la medida en que «lo exigen los derechos fundamentales de la persona o la salvación de las almas»[22]. La tecnología presenta obvias conexiones con los tradicionales asuntos económicos y sociales, tales como el desempleo, las remuneraciones, las condiciones laborales, la distancia entre el poder de quienes poseen los grandes capitales y el resto de las personas y, más cercano a nuestros días, con la ecología. No obstante, las virtualidades del problema de la tecnología exceden el marco de la DSI. Bien mirado, se trata también de un problema espiritual, sobre todo al considerarla como la condición de posibilidad de la "mentalidad tecnológica". Al sustentarse ella en las enormes capacidades que la humanidad puede exhibir, pone directamente en juego la vida espiritual del hombre en tanto que pretende en la práctica hacer irrelevante

---

21. Juan Pablo ii, Encíclica *Solicitudo rei sociallis*, 1987, 41.
22. Concilio vaticano ii, *Constitución apostólica Gaudium et Spes,*76.

al Creador y a su Revelación. Y, yendo aún más al fondo, esta mentalidad *fáustica,* en cuanto que es esencialmente materialista y atea, agnóstica en el mejor de los casos, y en la medida en que opera como sucedáneo de la religión, se la puede vincular sin exageración con la llamada "apostasía de la verdad" que se espera en la Iglesia para el fin de los tiempos, y que constituirá como un último fruto de aquel "misterio de iniquidad" que, como explica el mismo *Catecismo,* acompaña al hombre desde el comienzo de la historia[23].

6. La tecnología en el Magisterio Social de Pío XII

«Se interesa el papa asimismo de una manera especial por el problema social, aunque, sin duda por escasez de tiempo todavía no le ha dedicado ninguna encíclica especial. Sin embargo, en muchos de sus discursos ha abordado con gran flexibilidad de espíritu varios aspectos de los problemas sociales»[24]. La cita pertenece a C. Van Gestel, autor de un acabado trabajo de síntesis sobre Doctrina Social de la Iglesia publicada originalmente en francés en 1952, en pleno periodo de Pío XII. Habiendo considerado el variado material social del pontífice, Van Gestel estima que, descontado Pío

---

23. *Catecismo de la Iglesia Católica,* 675. Vale la pena la cita completa: «Antes del advenimiento de Cristo, la Iglesia deberá pasar por una prueba final que sacudirá la fe de numerosos creyentes (cf. *Lc* 18, 8; *Mt* 24, 12). La persecución que acompaña a su peregrinación sobre la tierra (cf. *Lc* 21, 12; *Jn* 15, 19-20) desvelará el "misterio de iniquidad" bajo la forma de una impostura religiosa que proporcionará a los hombres una solución aparente a sus problemas mediante el precio de la apostasía de la verdad. La impostura religiosa suprema es la del Anticristo, es decir, la de un pseudomesianismo en que el hombre se glorifica a sí mismo colocándose en el lugar de Dios y de su Mesías venido en la carne (cf. 2 *Ts* 2, 4-12; *1 Ts* 5, 2-3;2 *Jn* 7; *1 Jn* 2, 18.22)».
24. VAN GESTEL, *La doctrina social de la Iglesia,* p. 97.

XI, León XIII habría encontrado en Pío XII a un fiel continuador de su magisterio, ahora amplificado y desarrollado[25].

No obstante, es comprensible que cuando se pase revista a los textos sociales de los papas ocurra que se tomen en cuenta únicamente los "grandes textos", en especial las encíclicas que tratan explícitamente temas de DSI, y de esto, quizás, se derive el hecho de que, por lo general, no se asocie a Pío XII espontáneamente con ella –o que con el tiempo se haya dejado de hacerlo–, y que por esta razón se acabe pasando por alto documentos relevantes. El hecho de que el mismo *Compendio de la Doctrina Social*, en el resumen que elabora sobre la historia de la DSI, únicamente nombre en nota al pie los numerosos radiomensajes de contenido social de Pío XII –precisando su temática, pero sin comentar especialmente ninguno– grafica suficientemente la cuestión.

El tema predominante de los radiomensajes de Navidad de Pío XII, sobre todo los de la primera década de su pontificado, fue el de la paz, primero para fomentar insistentemente el término de la Guerra y, luego, para abordar los múltiples problemas que se suscitaron una vez instalada la lógica de guerra fría. Este punto sí es abordado con cierto detalle por el *Compendio*, que destaca la preocupación constante del papa respecto de la necesidad de establecer un orden mundial rectamente fundado, en el que estuviesen debidamente relacionados la moral y el derecho[26]. En general, los radiomensajes de Navidad de Pío XII, sin ser propiamente encíclicas (de las que escribió treinta y dos, varias de ellas muy breves), son textos más elaborados y extensos que un discurso ordinario y que, por estar usualmente dedicados a asuntos de orden temporal, a menudo tocaban tópicos propios de la DSI.

25. VAN GESTEL, *La doctrina social de la Iglesia*, p. 98.
26. *Compendio de Doctrina Social Católica*, 93.

De la larga lista de documentos relativos a la paz, se puede destacar los que la tratan no tanto desde la perspectiva política sino que en relación con temas más clásicamente sociales, como lo hace el *Radiomensaje de Navidad* de 1942. Considera aquí el papa las condiciones necesarias para la paz interior y social, tales como el rol social fundamental de la familia, la primacía de la persona humana, la necesidad de ordenar integralmente la sociedad hacia el desarrollo y perfeccionamiento de la persona, y la urgencia de resaltar la dignidad de los obreros y del trabajo mismo.

Curiosamente, en el *Compendio* no se nombra el *Radiomensaje* del 1 de junio de 1941, conocido como *La solemnidad,* escrito con ocasión del 50° aniversario de la encíclica *Rerum Novarum.* En este documento, de extensión más o menos breve, el papa resalta la importancia histórica de la encíclica de León XIII, y recuerda nuevamente el derecho y el deber que tiene la Iglesia de orientar y enseñar en materia social. En la segunda mitad, el pontífice se detiene en fundamentar tres aspectos esenciales del orden social: el recto uso de los bienes materiales, el trabajo y la familia.

También el *Radiomensaje con ocasión del 5to aniversario del comienzo de la Guerra,* del 1 de septiembre de 1944, está consagrado a la restauración del orden internacional y de los organismos internacionales, como también a fomentar la instauración de un orden social capaz de avanzar hacia una "desproletarización". Y a su vez, para lograr tales objetivos, explica el Pontífice, es menester defender y promover el derecho de propiedad de los trabajadores, y estructurar un sistema económico realmente centrado en el bien común.

Igualmente, pueden agregarse algunas alocuciones importantes, como la dirigida a obreros belgas en 1949, y la pronunciada ante el Congreso Internacional de Estudios Sociales, de 1950, además de los numerosos mensajes anuales que ofrecía en las Semanas

Sociales de Francia, Italia, Alemania y España. También es destacable el discurso del 1 de mayo de 1955, pronunciado ante un grupo de obreras, a las que recuerda la obligación que le cabe a la Iglesia de guiarlas y protegerlas[27].

Por último, puede mencionarse la encíclica *Summi Pontificatus*, de 1939, documento inaugural del pontífice, aparecido poco después del comienzo de las Guerra. A lo largo de todo el texto se encuentran dispersas algunas reflexiones sobre materias sociales, tales como la de la importancia de la familia para el orden social, tema de primer interés del pontífice y al que le dedicó muchas páginas[28], y la necesidad de contar en la sociedad con el aporte de los laicos, apoyo indispensable para la Iglesia en su misión de restaurar un orden justo y cristiano[29].

6.1. El magisterio de Pío XII sobre tecnología en la literatura especializada

En términos generales, al Magisterio social de Pío XII no ha sido vinculado especialmente con la reflexión sobre la tecnología. Podemos tomar como ejemplo dos obras que sintetizan y sistematizan la DSI, publicadas en tiempos del pontífice. Además del ya citado trabajo de Van Gestel, de 1952, existe otra obra, de similares características, escrita por el arzobispo francés E. Guerry, y publicado en 1957[30]. En ninguno de estos trabajos la tecnología es tratada forma explícita ni es nombrada como un ámbito propio

---

27. Bernardino LLORCA sj., Ricardo GARCÍA VILLOSLADA sj., Francisco Javier. MONTALBÁN sj., *Historia de la Iglesia Católica, tomo IV. Edad Moderna (1648 – 1958)*, BAC, Madrid, 1958.

28. Vicente CÁRCEL, *La Iglesia en la época contemporánea*, Palabra, Madrid, 2003, pp. 482 y 483.

29. Juan María LABOA, *Historia de la Iglesia. Tomo IV. Época contemporánea*, Biblioteca de Autores Cristianos, Madrid, 2002, p. 318.

30. Emile GUERRY, *La Doctrina Social de la Iglesia*, Rialp, Madrid, 1961.

de la DSI[31]. También es interesante considerar la obra recopilatoria en dos tomos realizada por San Alberto Hurtado: *El orden Social Cristiano en los documentos de la jerarquía católica*[32]. El primer tomo está dedicado a los textos pontificios (450 páginas) y el segundo, a los documentos de las distintas sedes episcopales (270 páginas). La obra está organizada en doce temas y en ninguno de ellos es tratada la cuestión de la tecnología, ni de forma especial ni subordinadamente. No obstante, la ausencia quizás es explicable si se piensa que la obra data de 1947 y que, como se verá a continuación, la preocupación de Pío XII en general por la técnica se hizo realmente intensa a partir de década de 1950.

Otra obra de la época en que cabe detenerse es en la *Historia de la Iglesia Católica* (cuatro tomos), de 1958, último año del pontificado de Pío XII[33]. El cuarto tomo, de más de 900 páginas, que comprende desde 1648 hasta el año mismo de su publicación, constituye una obra de consulta de excelente factura. La revisión y análisis del magisterio político y social del Pío XII que incluye es completa, si bien se centra sobre lo concerniente a su labor por la causa de la paz. El autor otorga un apartado a los radiomensajes

---

31. En la obra de Guerry, no obstante, se encuentra también sugerente afirmación: «El problema planteado por el progreso técnico y científico, así como por sus repercusiones sobre la evolución extremadamente rápida del mundo, es un problema gigantesco. Es tanto más difícil de dominar por cuanto esta evolución no se detiene e incluso, en muchos sectores, se acelera, sobrepasando el ritmo del análisis, que persiguen progresiva y laboriosamente los economistas, los sociólogos y los hombres políticos», p. 39.

32. San Alberto HURTADO, *El Orden Social Cristiano en los documentos de la Jerarquía Católica*, Club de Lectores, Santiago de Chile, 1947.

33. Bernardino LLORCA sj., Ricardo GARCÍA VILLOSLADA sj., Francisco Javier. MONTALBÁN sj., *Historia de la Iglesia Católica, tomo IV. Edad Moderna (1648-1958)*, BAC, Madrid, 1958.

Vicente CÁRCEL, *La Iglesia en la época contemporánea*, Palabra, Madrid, 2003.

de Navidad y examina a algunos de ellos con cierto detalle, pero también son atendidos desde el punto de vista de la paz, incluso aquellos que habrían de contarse entre los documentos más completos y relevantes del papa sobre la cuestión de la técnica y la mentalidad tecnológica, como lo son los de 1952, 1953 y 1955, y que serán revisados a continuación.

Tampoco en el *Compendio de la Doctrina Social* la técnica se encuentra sistematizada como un como tópico aparte, si bien se la menciona habitualmente relación con otros múltiples asuntos. Esta misma ausencia se verifica en algunas obras en español de Historia de la Iglesia Contemporánea, como la de Vicente Cárcel[34] o la de Juan María Laboa[35], a pesar de que en ambos casos la revisión realizada sobre el magisterio social de Pío XII es bastante completa.

Otro tanto ocurre con una breve biografía de Pío XII que se encuentra en la página oficial del Vaticano[36], como también con la excelente síntesis de Benedicto XVI, escrita con ocasión de un congreso dedicado especialmente a su figura. El papa alemán manifiesta en este lugar su voluntad de que se continúe estudiando el magisterio de su antecesor, del cual se pueden obtener «provechosas aplicaciones a los problemas que surgen en la actualidad»[37].

Cabe destacar una obra un poco más reciente, el *Manual de doctrina social de la Iglesia,* obra colectiva publicada con ocasión

---

34. Cárcel, *La Iglesia en la época contemporánea,* 700 páginas.

35. Laboa, *Historia de la Iglesia. Tomo IV. Época contemporánea,* 400 páginas.

36. En página de internet oficial del vaticano. https://www.vatican.va/content/piusxii/it/biography/documents/hf_p-xii_bio_20070302_biography.html.

37. Benedicto XVI, *Discurso a los participantes en un congreso sobre Pío XII organizado por las universidades Lateranense Gregoriana,* 8 de noviembre de 2008.

de los 100 años de *Rerum novarum*[38]. Consta de 33 capítulos que abordan las distintas materias de las que se ocupa la DSI, uno de los cuales trata directamente sobre ciencia y tecnología[39]. Además de ocuparse de los diversos aspectos del progreso económico y material de las sociedades, aborda también los problemas antropológicos y espirituales propios de una época tecnológica, para lo cual se sirve principalmente del *Radiomensaje de Navidad* de 1953, de cuya estructura y temas se sirve el autor en cuestión. De todas las obras mencionadas, estas páginas son las que más se acercan a un análisis explícito del pensamiento de Pío XII sobre la tecnología.

No obstante, existen dos obras que constituyen las grandes excepciones de esta lista: la del sacerdote norteamericano Leo Haigerty, y la de su par chileno Sergio Silva ss.cc., que se abordarán con mayor detalle poco más adelante en apartado especial.

6.2. Principales documentos de Pío XII sobre la tecnología

En términos generales, los textos de Pío XII relativos a la tecnología pueden clasificarse en dos grupos. El primero lo constituyen los numerosos discursos en los que de aborda dicha materia en relación con una gran diversidad de asuntos, y que fueron pronunciados ante públicos y contextos muy diferentes.

El segundo tipo de documentos corresponde a determinados *Radiomensajes de Navidad* de la década de 1950, que se caracterizaron por tener una mayor extensión y elaboración que los discursos ordinarios y que la mayoría de sus otros radiomensajes. Por su carácter sistemático y por su hondura, representan claramen-

---

38. Alfonso CUADRÓN, cord., *Manual de Doctrina social de la Iglesia*, Madrid, BAC, 1993.
39. CUADRÓN, cord., "La revolución científico-técnica y las modernas tecnologías", pp. 239-257, en *Manual de Doctrina social de la Iglesia*.

te a nuestro juicio el núcleo de pensamiento de Pío XII sobre la cuestión de la tecnología. De cualquier modo, todos estos escritos revelan su firme convencimiento acerca de la relevancia de este tema para la época y que, por lo mismo, debían ser afrontados con verdadera urgencia. Y según se comentó más arriba, su preocupación se hizo cada vez más intensa y explícita a medida en que transcurría el pontificado.

El *Radiomensaje de Navidad* de 1953, dedicado enteramente al tópico de la técnica y la mentalidad tecnológica, constituye el principal documento de Pío XII sobre la materia y merece por ello un comentario especial. En el decir de un historiador de la Iglesia, «produjo honda impresión en todo el mundo, incluso entre los elementos acatólicos»[40]. Comienza el documento confirmando la nobleza intrínseca que posee la técnica, y la justificada alegría con que han de recibirse sus adelantos, de la misma manera en que debía ocurrir con los avances de la ciencia pero a continuación describe el mentado "espíritu técnico" o mentalidad tecnológica, constituido en una característica universal de época, y explicita luego los peligros de toda índole que representan para el hombre contemporáneo. La consecuencia más grave derivada de este espíritu, es lo que se podría denominar como «el suave olvido de Dios», que parecía estar cruzando la vida social en general, junto con la desconsideración de cualquier otro criterio vital relacionado con los fines propiamente espirituales del hombre. Si no se vuelven los ojos a Cristo, profetiza el pontífice, «la era técnica llevará a cabo su monstruosa obra maestra de transformar al hombre en un gigante del mundo físico, con detrimento de su espíritu, reducido

---

40. Bernardino Llorca sj., Ricardo García Villoslada sj., Francisco Javier. Montalbán sj., *Historia de la Iglesia Católica, tomo IV. Edad Moderna (1648-1958)*, BAC, Madrid, p. 808. Lamentablemente, el autor no comenta más allá su afirmación.

a pigmeo del mundo sobrenatural y eterno»[41]. En el siguiente capítulo, se tendrá ocasión de revisar inextenso sus ideas fundamentales respecto de la naturaleza de esta de esta mentalidad.

Cabe también mencionar los *Radiomensajes de Navidad* de 1952 y de 1955. El primero fue, en algún sentido, como una primera parte del de 1953, pues ambos se perciben escritos con el mismo sentido de denuncia, y representan un intento por identificar los peligros espirituales más nocivos de la época, y que ordinariamente no son debidamente advertidos. El tema central del documento consiste en la despersonalización a la que de manera natural conduce la lógica de la "industria", que a la larga termina transformando al hombre tan solo en una pieza de "maquina productiva", en cuyo servicio parecieran agotarse todos sus fines vitales.

En la segunda mitad del escrito, el papa se interroga acerca de cómo es posible que, simultáneamente, se esté en presencia de sorprendentes éxitos de la industria y que, por otro lado, continúen existiendo un sinfín de graves problemas de orden material, los cuales suelen ir además acompañados de continuas restricciones a la libertad. Si bien se percibe con claridad que el papa tiene presentes las condiciones de vida de los regímenes comunistas, en el documento también se deja translucir su preocupación por las democracias occidentales.

En el *Radiomensaje de Navidad* de 1955, Pío XII entregó una profunda síntesis de su época, realizada a partir de una contraposición de dos actitudes existenciales antitéticas que puede adoptar el hombre. Por una parte, se encuentra la que ha adoptado buena parte de la humanidad, al depositar su confianza en la seguridad que ahora le brinda el enorme poder que se ha alcanzado gracias a la ciencia y la tecnología. La consecuencia natural de esta actitud

41. *Radiomensaje de Navidad,* 24 de diciembre de 1953.

es que, tarde o temprano, la "idea de Dios" termina haciéndose superflua. A este modo de ver las cosas se le contrapone el que adopta todo aquel que, anclado en la verdad de las cosas, comprende que la única verdadera seguridad puede venir del Dios providente. Y donde mejor puede verificarse el fracaso de la primera actitud, dice el papa, es en la impotencia que muestra el poder humano para arreglar el problema de la paz.

Los *Radiomensajes de Navidad* de 1956 y 1957 abordan también con profundidad algunos tópicos relacionados con el "espíritu técnico" y con los desafíos aparejados a la tecnología. La excepción la constituye el correspondiente a 1954, por estar enteramente dedicado al problema de la paz y a los principios antropológicos y éticos sobre los cuales el mundo debe organizarse para alcanzarla.

Cerrando este recuento, cabe destacar que entre los últimos discursos pronunciados por Pío XII hubiese varios relacionados con la técnica, entre ellos, tres ofrecidos durante el mes de agosto y el dado el 28 de septiembre a los industriales del gas, a tan solo once días antes de su partida, ocurrida el 9 de octubre de 1958.

7. Dos estudios sobre Pío XII y la tecnología

Como se mencionó más arriba, existen dos obras que tratan directamente acerca de la reflexión de Pío XII sobre la tecnología, y corresponderá abordarlas antes de concluir el presente capítulo.

La primera de ellas es el trabajo del padre Leo Haigerty, publicado en 1962, un volumen recopilatorio de alrededor de 250 páginas con todas las alocuciones y documentos de Pío XII en que hubiese tratado de un modo u otro sobre aspectos relacionados con la técnica. Tanto Haigerty como Walter Ong S.J., el autor del prefacio, fueron profesores universitarios (el primero en Purdue, Indiana, y en la universidad jesuita St. Louis, de Missouri, el segundo). A ambos les era común la convicción de que en esos años se vivía ya de hecho en una "era tecnológica", cuestión de la que la Iglesia y los laicos debían hacerse integralmente cargo, apoyándose –en expresión de Ong– en una teología "acorde e imaginativa". Y para acometer esta tarea, concluían, había que comenzar sencillamente estudiando el copioso aunque disperso material dejado Pío XII, quien además la había señalado a la cuestión de la tecnología como una de sus preocupaciones habituales[42]. Así, el propósito concreto de la obra consistió en reunir todos los textos relacionados con al tema con el fin de facilitar posteriores sistematizaciones, y para hacer patente además las variadas aristas desde las cuales puede pensarse el problema de la tecnología[43].

42. Leo J. HAIGERTY, comp., *Pius XII and Technology*, The Bruce Publishing Company, Milwaukee, 1962, p. xi. Dice el autor en la introducción: «With Father Walter Ong, S.J, we believe that the problem confronting the Christian mind today is to conceive of the challenge of modern technology in a positive and imaginative manner. What we need, as he has so often stated, is a theology and a Christology sufficiently developed to enable us to lay hold of the technological age, and all that it implies. With inspiration and vision. To begin this task there would seem no better way than to acquaint ourselves firsthand with the addresses of one who might well be called the "Pope of Technology"». Cfr. Pío XII, *Alocución a los participantes en el 1er Congreso Internacional de ingenieros*, 9 de octubre de 1953. En esa ocasión, el pontífice se expresó del siguiente modo: «Los argumentos que tratan en sus sesiones se unen efectivamente a una de Nuestras preocupaciones habituales, porque tocan ciertos aspectos muy propios de la sociedad moderna y también condicionan su dirección futura. Nuestra intención no es añadir nuevas consideraciones a las que ya ha desarrollado con autoridad y competencia, sino centrarnos en ciertos puntos que nos parecen merecer una atención especial, tanto por su contenido intrínseco como por las consecuencias que se derivan».

43. «Our purpose in this compilation is to bring together into one volume the most significant statements on technology made by Pope Pius XII in the many diverse contexts in which he spoke and wrote. This serves to complement what he has said in one place by what he has said in another as well to demonstrate his many-leveled treatment of the subject (…). The Pope has also contri-

En conclusión, para los autores la Iglesia tenía una tarea que recién estaba comenzando, que era la de elaborar una enseñanza sobre la cuestión de la tecnología, que habría de tener como principal afán, más que el de advertir sobre sus riesgos y denunciar sus efectos negativos, en llegar a descubrir el significado más profundo de aquella «nueva maravilla que Dios ha puesto en nuestras manos». Para los autores, esta había sido precisamente la preocupación de fondo que empujaba al "Papa de la Tecnología"[44].

En el volumen en cuestión, cada texto del pontífice se presenta brevemente contextualizado, formato que permite advertir dos aspectos relevantes de sus enseñanzas. En primer lugar, la gran variedad de públicos a los que Pío XII habló sobre la tecnología, a quienes deseaba mostrar la importancia que esta había adquirido en la época y los múltiples desafíos que planteaba, además de la necesidad de ponerla en relación con el conjunto de las verdades reveladas. Y en segundo lugar, queda de manifiesto en repetidas ocasiones la voluntad del pontífice por dignificar las más diversas tareas manuales, unido al deseo de vincular desde sus propios quehaceres a todos los trabajadores con el plan de Dios[45]. Lo mismo

buted beyond this a profound analysis of modern technology itself», HAIGERTY, comp., *Pius XII and Technology*, p. xi.

44. «The relationship of Catholic teaching to technology is something which must in great part still be worked out in the future, as we all conjointly puzzle out what this new wonder is which God has placed in our hands. It is the concern of the Pope of Technology, as Pius XII has been called, that we work hard at spelling out the implications of technology and that we do so above all in the presence of Christ and with an ear to the voice of His Church, with whom we must keep in constant contact». Walter ONG, S.J., HAIGERTY, comp., *Pius XII and Technology*, «Prefacio», p. x.

45. A modo de ejemplo, se dirigió a radiólogos, a trabajadores de la industria del gas, a los de fibra panel, a agricultores, a las industrias del vidrio, del auto, del lino y el cáñamo, de la cerámica, del petróleo, del carbón y del acero, de la fabricación de aviones, como también la industria química, de prevención

puede decirse de cuando habla a dirigentes de diversos ámbitos, a quienes recuerda continuamente la importancia de su papel en la realización de una sociedad más justa, y de cuánto se requiere que pongan su creatividad al servicio del bien común.

La segunda obra en cuestión fue editada por la Pontifica Universidad Católica de Chile en 1989 y se titula *La idea de la técnica moderna en el Magisterio de la Iglesia. Desde Pío XII hasta Juan Pablo II (1985)*, fue escrita por el sacerdote Sergio Silva SS.CC[46]. El trabajo reúne una serie de artículos parciales del autor relacionados con el tema en cuestión. Esta obra es particularmente útil por dos razones: en primer lugar, incluye a tres pontificados –si bien solo parcialmente el de Juan Pablo II– y abarca 46 años de historia del magisterio, lo que permite una perspectiva amplia que permite ver la evolución de la reflexión pontificia sobre la tecnología; y en segundo lugar, Silva los ordena y comenta él mismo a partir de una estructura similar para los tres pontífices, lo que facilita su análisis, comparación y relación entre sus distintos documentos[47].

de riesgos y de pastas alimenticias; igualmente a la industria atómica, de telecomunicaciones, de máquinas industriales, y de carreteras de cemento; también a personas ligadas al mundo de la radio, la televisión, la industria cinematográfica norteamericana y, en varias ocasiones, a los ingenieros. Tema aparte y de gran interés es la numerosa cantidad de discursos leídos ante biólogos, médicos y profesionales de la salud, dedicados a examinar diversas cuestiones médicas y biológicas desde un punto de vista ético y en relación con el plan de Dios.

46. Sergio Silva SS.CC., *La idea de la técnica moderna en el Magisterio de la Iglesia. Desde Pío XII hasta Juan Pablo II (1985)*, Santiago de Chile, Pontifica Universidad Católica de Chile, 1989.

47. Valga apuntar que a diferencia de lo que sería posible en nuestros días, en los que el magisterio pontificio puede encontrarse íntegro en internet a través de la página oficial vaticana y en otras fuentes, el esfuerzo de recopilación efectuado en estas dos obras ha de haber significado una labor de exhaustiva búsqueda y dedicación para dar con los textos pertinentes y traducir luego los que fueran necesario, pero sobre todo lo ha de haber sido para Silva. Según

8. La tecnología como tópico de reflexión de la DSI

Por obvio que pudiese parecer, conviene recordar que la reflexión sobre la tecnología o de cualquier otro tema de carácter temporal proveniente de los pontífices, corresponde siempre a la de un "pastor de almas" y no a la de un analista de contingencias políticas o de cualquier otro tipo, ni son tampoco las de un historiador o sociólogo que pretendiese identificar y describir los rasgos esenciales de su propia época. Más propiamente, la tarea del sucesor de Pedro consiste en enseñar, guiar y animar a la entera Iglesia y a todos los fieles a seguir la ley del Evangelio o, según se expresa en el *Catecismo,* «velar por que el Pueblo de Dios permanezca en la verdad que libera. Para cumplir este servicio, Cristo ha dotado a los pastores con el carisma de infalibilidad en materia de fe y de costumbres»[48]. Y en el caso específico de la DSI, su misión consistirá –en palabras del ya citado Van Gestel– en «iluminar inteligencias, formar las conciencias y, a través de sus instituciones (caritativas, de enseñanza doctrinal, pedagógicas), tratar de prevenir las necesidades y remediar los abusos»[49].

Todo lo anterior no obsta para que, de hecho, los pontífices continuamente se refieran a realidades profanas muy concretas, lo que visto desde fuera podría en ocasiones considerarse como una mera manifestación de opiniones particulares de un determinado "conglomerado" o "asociación" respecto de temas contingentes,

cuenta el mismo sacerdote en el prólogo de su libro, tuvo acceso a la obra de Haigerty, pero cuando ya estaba finalizando su investigación, por lo que no le significó, según comenta, un gran ahorro de trabajo, aunque sí le permitió contrastar y completar su propia recopilación de textos relativos a Pío XII con los reunidos por el sacerdote estadounidense.

48. *Catecismo de la Iglesia Católica,* 890.

49. VAN GESTEL, *La doctrina social de la Iglesia,* 90 y 91, en relación con los propósitos de *Rerum Novarum* de LEÓN XIII.

y no como algo directamente vinculado con la predicación del Evangelio, la responsabilidad primera de la Iglesia.

Esta libertad de expresarse sobre asuntos profanos[50] ha sido defendida por la Iglesia una y otra vez ya desde la misma *Rerum Novarum*, y fue claramente reafirmada con la publicación de *Pacem in Terris*, de Juan XXIII (1963), la primera encíclica no exclusivamente dirigida a la Iglesia de Cristo, sino que además «a todos los hombres de buena voluntad». La Iglesia, por su propia naturaleza, ha de asumir como misión que todo cuanto de verdadero, bueno y bello haya en el mundo ha de ser fomentado y elevado, lo cual también ordenado la mayor gloria de Dios, como se encuentra expresado en la Constitución Apostólica *Gaudium et Spes*[51].

Con el pasar de los años, y debido sobre todo a la intensidad con la que se sucedieron importantes acontecimientos durante el siglo XX, las realidades que la Iglesia debió interpretar e iluminar no hicieron sino crecer, al mismo tiempo en que se hacía ya necesario que todas ellas fuesen articuladas con el resto de las enseñanzas sociales, y siempre «a la luz del conjunto de la palabra revelada por Cristo Jesús y con la asistencia del Espíritu Santo»[52].

---

50. Libertad a la que el Concilio se refiere del siguiente modo: «Es de justicia que pueda la Iglesia en todo momento y en todas partes predicar la fe con auténtica libertad, enseñar su doctrina social, ejercer su misión entre los hombres sin traba alguna y dar su juicio moral, incluso sobre materias referentes al orden político, cuando lo exijan los derechos fundamentales de la persona o la salvación de las almas, utilizando todos y solos aquellos medios que sean conformes al Evangelio y al bien de todos según la diversidad de tiempos y de situaciones». *Gaudium et Spes*, 6.

51. «Con su fiel adhesión al Evangelio y el ejercicio de su misión en el mundo, la Iglesia, cuya misión es fomentar y elevar todo cuanto de verdadero, de bueno y de bello hay en la comunidad humana, consolida la paz en la humanidad para gloria de Dios». *Gaudium et Spes*, 76.

52. *Catecismo de la Iglesia Católica*, 2422. Cfr. JUAN PABLO II, Carta Encíclica. *Sollicitudo rei socialis*, 1987, 41.

Cuando la Iglesia elabora reflexiones propias de la DSI, nunca se desliga de su misión última, sino que más bien esta opera como principio ordenador y causa final de toda interpretación de las realidades temporales. Es desde esta perspectiva que puede explicarse la unidad intrínseca que posee la DSI y el dinamismo que la caracteriza. La DSI, dice Juan Pablo II, «se sitúa en el cruce de la vida y de la conciencia cristiana con las situaciones del mundo»[53]. Es justamente en este cruce en que parece verificarse cuán pertinente es la reflexión de la Iglesia sobre la tecnología, en la medida en que esta se haya constituido en un factor relevante para la sociedad y que sus efectos específicos hayan permeado a otras dimensiones importantes de la vida humana[54]. Así, caben aquí ámbitos tan concretos que van desde el relativo a las transformaciones que experimentan los distintos oficios humanos, hasta el de la dificultad de buscar y encontrar a Dios en medio del mundo. Se trata, en resumen, de una preocupación "oblicua", que siempre habrá de tener en la mira el bien integral del hombre[55].

53. «La experiencia de novedad vivida en el seguimiento de Cristo exige que sea comunicada a los demás hombres en la realidad concreta de sus dificultades y luchas, problemas y desafíos, para que sean iluminadas y hechas más humanas por la luz de la fe. Ésta, en efecto, no sólo ayuda a encontrar soluciones, sino que hace humanamente soportables incluso las situaciones de sufrimiento, para que el hombre no se pierda en ellas y no olvide su dignidad y vocación». JUAN PABLO II, *Centesimus annus*, 59. Cfr. *Compendio de Doctrina Social Católica*, 73.

54. Una vez más HAIGERTY resume con precisión este punto: «Ecclesiastical documents of each age reflect the central or dominating concerns of the age, for to preach the Gospel in any age the Church must enter into the most pervasive preocupations of the time», HAIGERTY, comp., *Pius XII and Technology*, de Walter ONG, sj., p. viii, «Prefacio».

55. «The Church´s role is of course to teach, to rule, and to sanctify. This role is related only obliquely to technology since the Church knows no more about technology than the scientists and technologists themselves can discover. But she knows about man and man´s relationship to God, and she can talk

Se intuye así que esta reflexión de la Iglesia no puede tener como única mira la denuncia o crítica de los cambios que trae la tecnología y las circunstancias más o menos negativas que estas imponen. Como lo enseñó Juan Pablo II, «El *anuncio* es siempre más importante que la *denuncia,* y ésta no puede prescindir de aquél, que le brinda su verdadera consistencia y la fuerza de su motivación más alta»[56]. Tal reflexión no se orienta tan solo hacia el importante propósito de alertar sobre los riesgos aparejados a las novedades de la tecnología, sino que también a la necesidad de encontrar el modo más humano de integrar y ordenar a la tecnología a los bienes superiores del espíritu, a los de orden natural, primero, y luego a los sobrenaturales, y en particular al fin último, que es la salvación de las almas. Pío XII meditó de modo profundo y novedoso acerca de esta vinculación, preguntándose sobre todo el misterioso significado del hecho de que la humanidad haya alcanzado tan alto saber científico y, gracias a él, tan admirable capacidad de lograr numerosos propósitos.

En conclusión, podemos afirmar que la enseñanza de Pío XII representa el surco inicial que permitiría en lo sucesivo a los futuros pontífices continuar reflexionando sobre la tecnología, la que, dado su dinamismo propio, evoluciona constantemente y requiere que dichas enseñanzas sean actualizadas y adecuadas constantemente a las nuevas circunstancias[57]. O, en otras palabras, para

---

about technology in so far as she calculates its effect on man. Technology is not her specialty, but like all things human, it is her concern», HAIGERTY, comp., *Pius XII and Technology,* p. xi. Más adelante, en la nota al pie 65, se nombra la larga lista de oficios y rubros a los que Pío XII se dirigió y ante los cuales abordó desde distintas perspectivas el tema de la tecnología.

56. JUAN PABLO II, *Solicitudo rei sociallis,* 41.

57. De la misma manera era percibido por Walter ONG: «The relationship of Catholic teaching to technology is something which must in great part still be worked out in the future, as we all conjointly puzzle out what this new

la Iglesia el objetivo de la reflexión sobre la tecnología radica, lo mismo hoy que entonces, en alcanzar el discernimiento necesario para que, en su incesante desarrollo, sea posible integrarla en el plan salvífico de Dios, o para que al menos dichas realidades no queden sin referencia alguna a aquel plan.

wonder is which God has placed in our hands. It is the concern of the Pope of Technology, as Pius XII has been called, that we work hard at spelling out the implications of technology and that we do so above all in the presence of Christ and with an ear to the voice of His Church, with whom we must keep in constant contact». HAGERTY, comp., *Pius XII and Technology*, «Prefacio» de Walter ONG, s.j., p. x.

Capítulo II

El aporte de Pío XII a la reflexión de su tiempo sobre la "era de la técnica"

1. Reflexión sobre la época contemporánea y la idea de "era de la técnica"

1.1. Sobre el problema de nombrar las épocas

Nada más natural hay, para quienes investigan y reflexionan sobre la historia, que realizar el intento de periodificar el curso ininterrumpido de los acontecimientos humanos, distinguiendo "épocas" que se separan unas de otras a través de hitos significativos y simbólicos. A renglón seguido, corresponderá dar con algún nombre que logre manifestar algo así como "la esencia" de cada periodo, un principio que haga posible comprenderlo como una unidad inteligible. Por eso, toda periodificación constituye un intento de síntesis. Dado que "lo que no se unifica no se entiende", y sobre la base de que la historia es un flujo continuo de innumerables hechos que, a su vez, dejan a su paso incontables datos y huellas, el historiador –y también el filósofo de la historia– necesita establecer algunas divisiones del tiempo. Ellas incluso le permiten entender mejor a él mismo lo que está estudiando, y con las cuales podrá comenzar a transformar el flujo informe de la historia, en un curso o derrotero más o menos comprensible.

Naturalmente, los nombres escogidos estarán necesariamente marcados por la percepción particular de cada historiador, y nunca será posible sacudirse de su carácter más o menos arbitrario. Su indagación, por lo tanto, le habrá llevado por un camino que podrá ser más o menos original y mejor o peor fundado, pero que será siempre personal. La conclusión de esta indagación, por su parte, significará o la confirmación de aquel principio explicativo intuido al comienzo de su estudio, o bien constituirá el descubrimiento de algún otro principio que dé cuenta de los acontecimientos con mayor precisión y profundidad que el anterior. Se trata, a fin de cuentas, «no de establecer límites precisos y nombres fijos e indiscutibles a los periodos históricos, sino de tratar de discernir aquellos periodos dotados de una "personalidad histórica"»[1]. Esto vale no tan solo en relación con las grandes periodificaciones de la historia universal, en la que, por razones sobre todo prácticas, se termina corrientemente usando nombres más o menos consagrados por la costumbre, desprovistos ya de "carga ideológica", más allá de que en su origen tales nombres se hayan propuesto con plena conciencia e intencionalidad, como ocurre con el de "Edad Media". También puede verificarse con claridad en las periodificaciones relativas a la historia de un país, de un reino o de un proceso importante, como el de la Independencia de América, la Ilustración o la "Época Arcaica" griega.

Por lo anterior, no es realmente posible que un determinado análisis que se haya realizado y los periodos y nombre elegidos, tengan un carácter neutro –a menos que, tales nombres no signifiquen en verdad nada– porque necesariamente tendrá en su base una cosmovisión determinada, sostenida por una *jerarquía de valores, que hallará siempre subyacente en su reflexión*, por más penetrante y respetuosa con la realidad y las fuentes que ellas fue-

---

1. Comellas, *El último cambio de siglo*, p. 36.

sen. Sin embargo, este hecho no puede entenderse como algo en sí mismo negativo, sencillamente porque sería imposible que fuera de otro modo[2]. Como enseñaba Henrí Marrou en su clásico estudio, «la historia es inseparable del historiador»[3]. En este contexto, el nombre de "subjetivo" solo podría significar algo así como "síntesis que en último término brota del sujeto", lo que significa algo muy distinto de "arbitrario", en el sentido negativo del término.

Con todo, quizás valga la distinción entre "periodo" y "edad" o "era". El concepto de periodo se usa a veces como sinónimo de las otras dos, pero más precisamente se utiliza como sinónimo de "etapa", para fragmentar un lapso más prolongado de tiempo o también "dentro" de las mismas "edades". Se distinguen también en que "periodo" se ocupa mayormente para historias parciales, como por ejemplo la de una nación en particular, o también en relación con determinados aspectos de la historia universal, como la historia de la economía, historia de la navegación, etc., reservando así las "edades" o "eras" para lapsos más largos o universales. Para estas últimas, se aplica plenamente lo dicho sobre la "no neutralidad" de la elección de nombres, como ocurre con el ya mencionado caso de "Edad Media", cuyo carácter peyorativo presente ya desde sus orígenes, es bien conocido. Suele suceder además que algunos nombres, al estar de tal modo consagrados por el uso, terminen siendo utilizados tanto por autores que, siguiendo con el ejemplo, tuviesen a la "Edad Media" por "oscura" como por quienes viesen en ella una época de esplendor artístico, intelectual y religioso.

---

2. Distinto es el caso en que una cosmovisión es, en rigor. una ideología, pues toda su investigación tendrá una intencionalidad distinta al deseo fundamental por comprender la historia por sí misma, y tendrá por tanto un carácter utilitario puesto al servicio de aquella.

3. Henrí MARROU, *El conocimiento histórico*, Barcelona, Idea Universitaria, 1999, pp. 41-54.

La noción de "época" conserva quizás un carácter suficientemente ambiguo como para ser utilizado lo mismo como sinónimo de "periodo" o de "edad y "era" e incluso, tal como lo hacen muchos autores y en ocasiones el mismo Pío XII, de "civilización de..." o "sociedad de...", si bien estos últimos usos tengan menos "pretenciosos" desde el punto de vista historiográfico. Sin embargo, para el caso de nuestro tema todos estos términos serán usados indistintamente, al igual que como son utilizados por el papa y por el resto de los autores que se revisarán más adelante, con la sola excepción de "periodo", según lo dicho. No será necesario, por tanto, realizar en adelante distinciones del modo aquí expuesto, salvo en casos puntuales cuando lo amerite el caso.

1.2. Algunas periodificaciones de la "historia reciente"

Dada la "intensidad" que adquirió la historia a partir de las revoluciones Francesa e Industrial, era esperable que se llegaran a concebirse como claros hitos que daban lugar a una época nueva. Y considerando además el carácter mundialmente vertiginoso del siglo XX, era natural que surgieran también intentos de establecer periodificaciones y definir hitos divisorios. Como se mencionó anteriormente, estas propuestas se diferencian unas de otras por aquel valor o ámbito de la realidad que conciban como el más determinante, fuese ya la economía y la evolución de la industria, los avances técnicos, la evolución política, las transformaciones religiosas, etc. Pero también hay miradas que se detienen en las llamadas "mentalidades", donde la reflexión se ordena a discernir y luego caracterizar el verdadero "espíritu de la época", esto es, aquel *ethos* que asomara como su principio rector y "dominante", y que, como tal, se encontraría animando *desde el nivel más profundo posible* a los diversos actores relevantes de las de la Cultura

Occidental, y en último término, a zonas cada vez más amplias del mundo entero.

La percepción de que con el término de la Segunda Guerra Mundial se estaba entrando a una nueva época, fue generalizada. Según la visión más al uso, al periodo de posguerra se le llamó "Guerra Fría", término que comenzó a utilizarse muy poco tiempo después de acabado el conflicto. Este periodo se extendería hasta la caída del comunismo en la Europa oriental, hito con el que se ponía fin a la "polarización ideológica" entre los Estados Unidos de Norteamérica y las democracias occidentales alineadas con ellos, y por otra parte la Unión Soviética junto a sus países satélites. Como se ve, se trata esta de una visión política con un marcado acento en las relaciones internacionales globales[4]. En ese mismo esquema, a la Segunda Guerra Mundial no se la concibe realmente como una separación entre dos épocas distintas, pero sí como un hito divisor de dos periodos distintos. Así, desde esta mirada, el término de "Edad Contemporánea" siguió designando al tiempo que transcurre desde la Revolución Francesa hasta nuestros días. De esta manera, se mantiene todavía la división clásica de Edad Antigua, Medieval, Moderna y Contemporánea.

Pero es fácil ver cuán intrínsecamente ambiguo es el concepto de "contemporáneo", y no es de extrañar que se le utilice en múltiples sentidos. Algunas veces, por ejemplo, designa un periodo más acotado que comprendería desde la Primera Guerra Mundial hasta la caída del comunismo en 1991. Viene a coincidir así en la práctica con la divulgada idea del "siglo XX corto" de Eric Hobs-

---

4. No existe, sin embargo, ningún nombre consensuado y relevante que se proponga continuar como hilo conductor con la lógica de Guerra Fría, salvo el de "post guerra fría", cuyo uso no se hizo extendido, y que solo mantuvo su sentido para la década de los 90 y casi exclusivamente para el ámbito de las relaciones internacionales.

bawm, quien no obstante data su inicio en la revolución bolche-
vique de 1917[5]. Más común es encontrarlo empleado en relación
con la historia mundial en general, y que correría desde la Segunda Guerra Mundial hasta nuestros días, con lo que vendría así a
identificarse con lo que otros llaman "historia del mundo actual",
noción tanto o más deficiente o ambigua que la anterior[6].

El versado historiador español ya referido, José Luis Comellas,
consciente de lo precario de los términos, acepta de todas maneras la diferencia de "épocas", entre antes y después de la Segunda
Guerra Mundial. Con ello, "Época Contemporánea" denomina-
ría únicamente desde la Revolución Francesa hasta el término de
dicho conflicto en 1945, quedando el nombre de "Época actual"
o "reciente" tan solo desde ese entonces hasta nuestros días, y no
desde la Revolución francesa[7]. Todo esto sin mencionar que en
lengua inglesa la idea de *Modern Age* se usa con mucha laxitud, a
veces para designar al entero periodo que va más o menos desde
el siglo XV hasta la Segunda Guerra Mundial –a continuación de
la cual comenzaría la *Contemporary History*–, a veces para designar la historia del siglo XX desde la Primera Guerra Mundial en
adelante. Y si a esto se agrega el no poco frecuente uso de "historia
reciente" –con el que se tituló este mismo apartado–, la equivoci-
dad puede llegar a ser casi definitiva[8].

---

5. Eric HOBSBAWM, *Historia del siglo XX*, Buenos Aires, Crítica, 1998, capítulo "Vista panorámica del siglo XX".

6. Por ejemplo, el inglés Timothy GARTON ASH, *History of the present, Es-
says, Sketches, and Dispatches from Europe in the 1990s*, Londres, Vintage, 2001.

7. José Luis COMELLAS, *Historia breve del mundo contemporáneo*, Madrid,
Rialp, 2000, pp. 13-16; del mismo autor, *Historia breve del mundo reciente*, pp.
9-13.

8. Se ha preferido el título de "historia reciente" por estar algo menos utilizado y evocar cierta neutralidad, y dejar así para el análisis a los otros términos
que se proponen más comúnmente.

Pero existe otra visión actualmente muy extendida que reviste mayor interés por la amplitud de su mirada, y que está ya prácticamente consagrada por la literatura especializada: se trata de la fundamentada en el binomio modernidad-postmodernidad y que, al igual que la visión en que se apoya Pío XII, se inscribe entre las que intentan identificar el *ethos* más profundo que vivifica una época. Comenzó a delinearse a comienzos de los años 70 con la aparición del concepto de "posmodernidad", originalmente utilizado para el ámbito artístico, pero que se reveló pronto como de gran potencialidad para interpretar la historia de los últimos dos siglos y reflexionar sobre el presente. Si, en efecto, la cultura occidental estaba realmente en los albores de una época "posmoderna", necesariamente habría ahora que volver a reflexionar sobre el significado de la "modernidad", para poder delimitarla conceptualmente con mayor precisión. Solo así se podría verificar si efectivamente comenzaba a existir algo así como un nuevo "espíritu posmoderno" o si más bien la modernidad seguía todavía vigente, a pesar de las transformaciones. Como se podrá ver, el estudio de este tema será particularmente complejo, tanto por lo inasible de su objeto como por la variedad de opiniones que puede encontrarse; pero por las razones antes mencionadas, será de utilidad revisarla brevemente.

La modernidad, según se la concibe en este contexto, puede operar como sinónimo de la "Ilustración" del siglo XVIII, si bien en estricto rigor el fundamento de esta pueda ya encontrarse en los grandes sistemas racionalistas del siglo anterior, tales como el de Bacon, Galileo, Hobbes, Locke, Descartes o Spinoza. La modernidad se concibe como *un proyecto cultural*, filosófica, ética y políticamente fundamentado, consciente de sí mismo y que, durante el siglo XVIII, se manifestó en creciente y abierta oposición al sistema político, económico y social del "antiguo régimen". A la larga, se revelaría también como un sistema incompatible con la visión cristiana del mundo. En resumidas cuentas, terminó presentándose dialécticamente frente a la tradición en general[9]. A este proyecto también se lo puede identificar con aquel orden social y económico surgido con la Revolución Industrial y con la Revolución Francesa, y las revueltas políticas del siglo XIX que de ella derivaron. Además, desde su mismo fundamento está orientada al futuro, y por ello prácticamente se la puede identificar con la "fe en el progreso" y la confianza en la razón humana como único camino para promover la libertad y el desarrollo humano[10]. Todas estas características le otorgaron un enorme dinamismo. La modernidad, en síntesis, podría identificársela fundamentalmente con *el triunfo de la razón*. En efecto, es ella –resume Alain Touraine– la que «anima la ciencia y sus aplicaciones; es también la que dispone la adaptación de la vida social a las necesidades individuales o colectivas; y es la

9. En la tradición católica de pensamiento, es recurrente la visión negativa e incompatible de la modernidad con la fe. Habría que precisar que si se la entiende en el sentido en que lo hace la Escuela de Frankfurt (Adorno, Horkheimer, Habermas) o los filósofos franceses que se han dedicado al tema, la modernidad efectivamente es contraria a la fe. Y lo mismo habría que decir del espíritu "dialéctico" de la ilustración, con cuyo proyecto se identificaría la modernidad. No obstante esta visión parece errónea, en la medida en que el *ethos* de la modernidad haya sido reducido precisamente a aquellos elementos que no pueden ser compatibles con la fe, y que se presentan ante ella de modo dialéctico. Pero mirada desde una perspectiva más integral, la modernidad puede perfectamente ser "aprobada", desde una mirada cristiana. Lo que en estricto rigor se opone a la fe es la Revolución. De este modo lo plantea JUAN PABLO II en *Memoria e identidad,* Santiago de Chile, Planeta, 2005, p. 135: «La ilustración europea no solo dio lugar a las crueldades de la Revolución francesa; tuvo también frutos buenos, como la idea de libertad, igualdad y fraternidad, que son después de todo valores enraizados en el Evangelio. Aunque se proclamen de espaldas a él, estas ideas hablan por sí solas de su origen». La idea de modernidad como época o proyecto derechamente contrario a la religión cristiana –vale decir, dialécticamente– es también sostenida por autores no cristianos, como Alain TOURAINE, en *Crítica de la Modernidad,* Ciudad de México, Fondo de Cultura Económica, 4ª ed. 2014.

10. David LYON, *Postmodernidad*, Madrid, Alianza, 2009, pp. 47 y 48.

razón, finalmente, la que reemplaza la arbitrariedad y la violencia por el estado de derecho y el mercado. La humanidad, al obrar según las leyes de la razón, avanza a la vez hacia la abundancia, la libertad y la felicidad»[11]. El autor agrega a la modernidad una característica de orden más bien antropológico: la escisión entre el sujeto y el mundo de los objetos sobre los que opera la técnica. La modernidad, afirma, «ha reemplazado la unidad de un mundo creado por la voluntad divina, la Razón o la Historia, por la dualidad de la *racionalización* y de la *subjetivación*»[12].

La posmodernidad por su parte supondría de base una ruptura con lo más fundamental de la modernidad, y consistiría así en el punto culmine de aquella crítica intelectual incubada en el seno mismo de la modernidad, que es representada principalmente por Marx, Nietzsche y Freud[13]. Ella habría terminado haciendo patente la imposibilidad de un discurso capaz de dar unidad a la cultura, por lo que la escisión moderna entre racionalización o instrumentalidad y sujeto se haría ahora total. Es así como el *sentido* quedaría definitivamente relegado al ámbito privado, y se distinguiría así completamente del resto del mundo social. Por ello, la posmodernidad tendría un carácter realmente «postsocial»[14], y consistiría en un estado de cosas en que «ninguna categoría social,

---

11. TOURAINE, *Crítica de la modernidad,* p. 5.
12. TOURAINE, *Crítica de la modernidad,* p. 6.
13. TOURAINE, *Crítica de la modernidad, p.* 86.
14. TOURAINE, *Crítica de la modernidad,* p. 187. Cfr. Gilles LIPOVETSKY, *La era del vacío,* Barcelona, Anagrama, 1994, p. 46. Para este autor, lo propio de la época posmoderna es la indiferencia, incluso mucho más que un nihilismo que se toma en serio. Los individuos sueltan sus lazos con la sociedad, pero sin embargo, «el sistema funciona, las instituciones se reproducen y desarrollan, pero por inercia, en el vacío, sin adherencia ni sentido, cada vez más controlada por los "especialistas" (los últimos curas, como diría Nietzsche), los únicos que todavía quieren inyectar sentido, valor, allí donde ya no hay otra cosa que un desierto apático», p. 36).

ningún discurso posee el monopolio del sentido»[15]. Es lo que Lyotard llama el fin de los llamados "metarrelatos" o "grandes relatos",
que serían los característicos de la modernidad: la emancipación
progresiva de la razón en el individuo y la sociedad, el dominio del
mundo por la ciencia y la técnica, la fe en el progreso indefinido,
el paraíso terrenal marxista, la sociedad sin injusticias del socialismo y, de acuerdo con el mismo Lyotard, hasta al cristianismo
habría de incluírsele en la lista. Todos estos relatos tienen carácter
universal, y suponen un ideal que se proyecta hacia un futuro que
necesariamente se deberá producir. La modernidad, dice Lyotard,
en tanto que proyecto, no habría sido tan solo abandonado u olvi-
dado, sino que «destruido, liquidado». A continuación, propone la
realidad de Auschwitz como un símbolo, entre otros posibles, del
fracaso de la modernidad[16].

1.3. Pío XII y el contexto histórico general de la Posguerra

Vale la pena ahora revisar brevemente algunas circunstancias
históricas puntuales que incidieron en la aparición y consolidación de lo que Pio XII llamará la mentalidad tecnológica, y que
pueden ser situadas más o menos en las décadas del 30 y del 40.
En primer lugar, ha de considerarse el rápido eclipse de cualquier
cosmovisión que pretendiese otorgar un sentido unitario a la vida.
Junto con las visiones propiamente religiosas –que se reducen a los
diversos credos cristianos– también deben contarse las llamadas
"religiones seculares" o "políticas"[17]. Ocurrió que la generación

---

15. Touraine, *Crítica de la modernidad*, p. 185.
    16. Jean François Lyotard, *La posmodernidad (explicada a los niños)*, Bar-
celona, Gedisa, 2003, pp. 29 y 30.
    17. El uso de este concepto se extendió bastante durante la segunda mitad
del siglo XX, sobre todo a partir estudios como el de Eric Voegelin, *Las Religiones Políticas*, Madrid, *Trotta*, 2014, y el de Hans Kelsen, *Religión secular. Una*

adulta que sobrevivió a la Segunda Guerra Mundial no tardó en desencantarse de modo más o menos definitivo de las ideologías totalitarias, que habían sido universalmente reputadas culpables tanto de la Guerra como de la violencia inusitada llevada a cabo por los gobiernos al interior de sus propios países.

Ciertamente, durante algunos años el comunismo pareció ser la excepción a la regla, si se tiene en cuenta cuán fortalecido resultó políticamente esta ideología una vez acabada la Guerra y que, hasta la caída del muro de Berlín, continuó siendo una de las visiones políticas más influyentes en el mundo. Pero aun teniendo en cuenta lo anterior, en cierto modo el comunismo ya había sido vencido, y su decaimiento como "fuerza espiritual" pronto se hizo patente. Al finalizar la década del 40, varios intelectuales comenzaron a renegar públicamente de él[18]. La tendencia al desencantamiento se hizo más patente tras la muerte de Stalin en 1953, cuando desde la misma Unión Soviética, y bajo la iniciativa del propio gobierno central, se dio a conocer parte de la larga lista de los excesos cometidos durante el extenso periodo del líder soviético. Lo mismo sucedió a continuación de la violenta intervención militar soviética en Hungría. Ya en la década del 60 era un tópico común referirse al "fin de las ideologías" y a las consecuencias que se seguirían de este proceso[19].

polémica contra la malinterpretación de la filosofía social, la ciencia y la política modernas como "nuevas religiones", Madrid, Trotta, 2015, escrito en polémica contra el primero. También Carlton HAYES, en El nacionalismo: una religión, México, Uteha, 1966, y Michael BURLEIGH, Causas sagradas, Madrid, Taurus, 2006.

18. Un análisis completo de la situación general de los intelectuales de posguerra en Onésimo DÍAZ HERNÁNDEZ, Historia de Europa en el siglo XX, Pamplona, Eunsa, 2008, pp. 205-220. Se pueden contar Albert Camus, George Orwell, André Gide, Ignace Lepp y, en Latinoamérica, Mario Vargas Llosa, Ernesto Sábato y Octavio Paz.

19. El norteamericano Daniel BELL había publicado ya en 1960 su primer libro importante: El fin de las ideologías, Madrid, Alianza Editorial, 2015. En

A lo anterior debe sumarse un aspecto que Pío XII percibió agudamente en los años de posguerra: el hecho de que el comunismo y las democracias liberales occidentales[20], en la trastienda de sus manifiestas diferencias, compartían un fundamento común, como lo era la creencia en la primacía de la planificación y de la técnica como sustento de la sociedad, y como única vía adecuada para solucionar los principales desafíos de la época, principalmente los económicos.

Ligada indiscerniblemente a la mentalidad tecnológica se encuentra también la idea de tecnocracia[21]. El vocablo comenzó a

España, el libro de Gonzalo FERNÁNDEZ DE LA MORA, *El crepúsculo de las ideologías,* consiguió varias ediciones, como asimismo en Iberoamérica. Cfr. Santiago de Chile, Zig-Zag, 2ª ed.,1968.

20. La palabra "liberal" se presta aquí para equívocos, dado que el liberalismo clásico que se mantuvo vigente hasta la crisis económica de 1929, también se puede considerar entre las ideologías que salieron derrotadas a continuación de la Guerra, aunque su desprestigio provenía ya de la década del 30. Pero es claro que varios de sus elementos originales permanecieron en las democracias occidentales, como por ejemplo su fundamento capitalista, la separación de poderes y el sufragio universal, pero que hacía ya un tiempo no eran exclusivas del liberalismo burgués de tipo decimonónico, apadrinado por un "estado guardián".

21. La reflexión sobre la tecnocracia se ha mantenido vigente desde su aparición –que veremos en la nota siguiente– hasta nuestros días, lo cual prueba la gran cantidad de libros que la tratan, tanto en relación con la política, la economía, la administración de empresas y la medicina, como también respecto de la cultura y las costumbres. No hace mucho, el papa FRANCISCO le otorgó en la encíclica *Laudato si*, de 2015, una considerable extensión –la mitad del tercer capítulo de la encíclica– a lo que llamó "paradigma tecnocrático". A modo de ejemplo, el siguiente párrafo: «No puede pensarse que sea posible sostener otro paradigma cultural y servirse de la técnica como de un mero instrumento, porque hoy el paradigma tecnocrático se ha vuelto tan dominante que es muy difícil prescindir de sus recursos, y más difícil todavía es utilizarlos sin ser dominados por su lógica. Se volvió contracultural elegir un estilo de vida con objetivos que puedan ser al menos en parte independientes de la técnica, de sus costos y de su poder globalizador y masificador. De hecho, la técnica tiene

utilizarse en la década del 30 por algunos intelectuales que fomentaban una época sustentada en la capacidad ingenieril de planificación y ejecución controlada de procesos, que concebían como la vía realmente idónea que haría posible gobernar los estados con eficiencia[22].

una inclinación a buscar que nada quede fuera de su férrea lógica, y "el hombre que posee la técnica sabe que, en el fondo, esta no se dirige ni a la utilidad ni al bienestar, sino al dominio; el dominio, en el sentido más extremo de la palabra" (Cfr. Romano GUARDINI, *Das Ende der Neuzeit*, p. 63, ed. en español, *El ocaso de la Edad Moderna*, Madrid, Guadarrama, 1963, pp. 83-84). Por eso "intenta controlar tanto los elementos de la naturaleza como los de la existencia humana" (Cfr. GUARDINI, *El ocaso de la Edad Moderna*, p.84). La capacidad de decisión, la libertad más genuina y el espacio para la creatividad alternativa de los individuos se ven reducidos», 108.

22. El término fue originalmente utilizado por un grupo de ingenieros y economistas norteamericanos, a principios de la década de 1920. Años después, en 1932, acicateados por los efectos de la crisis económica de 1929, crearon el movimiento "Alianza técnica" o "Grupo de la tecnocracia". Entre sus miembros se contaba a Thorstein VEBLEN, economista y sociólogo de origen noruego avecindado en Estados Unidos, quien fue la figura más representativa del grupo. Este grupo de expertos, dice un estudioso del tema, «al margen del sistema y con reuniones seudo clandestinas, abogaba por un nuevo mundo que dejase atrás el gobierno de la "técnica política" para ser gobernado por "la técnica de los técnicos"», José Manuel CAAMAÑO, «Pensar el paradigma tecnocrático», en *La tecnocracia*, ed. José Manuel Caamaño, Madrid, Sal Terrae, 2018, p. 25. La palabra clave de la lógica tecnocrática es "experticia", término que designa la posesión de unos determinados conocimientos que permiten llevar a cabo eficazmente determinados procesos y que, por extensión, posibilitan el desarrollo de métodos aún mejores. Pero la idea de tecnocracia se completa cuando dicha experticia ingenieril se transforma en clase dirigente, lo que en pocas palabras significa que la sociedad le ha confiado al tecnócrata no solo la ejecución, sino también la decisión política administrativa, que no estará ya fundamentada en ningún tipo de lógica prudencial, sino que en aquel saber tenido por "científico", es decir, por supremamente racional. O dicho de otra manera, lo prudencial no será diferente del cálculo y planeamiento orientado a la eficiencia. Cfr. Alberto MAYOL, «La tecnocracia: el falso profeta de la modernidad», en *Revista de Sociología*, Facultad de Ciencias Sociales, Universidad de Chile, 2003, pp.

Naturalmente, este sistema habría de requerir el crecimiento de la influencia de los tecnócratas, operadores expertos del sistema capaces de formalizar y reducir todo tipo de problemas humanos a lógica del cálculo y de la planificación de resultados. Ya hacia fines de la década del 50, la tecnocracia se había transformado en un tópico de reflexión y discusión bastante generalizado[23].

El que triunfe la tecnocracia supone, por una parte, que su lógica se instale por encima de cualquier ideología "clásica". El hecho mismo de superarlas se consideraría incluso como una condición para el óptimo funcionamiento de una forma de organización de tipo tecnocrático. Pero como muy lúcidamente observó Pablo VI, por este camino la propia tecnocracia se revela ella misma como una ideología, al hacer radicar su último fundamento

95-123. El francés Jean MEYNAUD, autor de obras "clásicas" sobre la tecnocracia, asumiendo la dificultad de definir el término, propone esta breve pero decidora definición: es «el ejercicio de un poder que se funda en la competencia», *Problemas ideológicos del siglo XX*, Barcelona, Ariel, 1964, p. 249 ("competencia" es usado aquí como "capacidad" o "experticia").

23. Esto se puede verificar en las obras de Meynaud, en las que sorprende el gran número de libros y *papers* de la época citados, principalmente en francés y en inglés, dedicados a la tecnocracia y a otros tópicos afines, tales como la noción de organización, el papel del tecnócrata en la política, la industrialización y también el de la "era tecnológica". Del mismo autor, además de la obra arriba referida, *Problemas ideológicos del siglo XX* –que data de 1961–, destaca también *Tecnocracia, ¿mito o realidad?*, Madrid, Tecnos, 1968. En general, el autor aborda la cuestión desde una perspectiva analítica, cuyo objetivo primordial es comprender el real impacto de mentalidad tecnocrática –como así la llama– en la política y en la administración del estado, si bien muestra su escepticismo respecto del grado de confianza que en ella se depositaba. En Chile, por ejemplo, a comienzos de los años '40 se había instalado la idea de que la ejecución de políticas de desarrollo debía ser confiadas a ingenieros capaces, propuestos dialécticamente frente a "los políticos tradicionales". Los gobiernos radicales (1938-1952) fueron usualmente relacionados con esta creciente tendencia. Cfr. Sofía CORREA, Alfredo JOCELYN-HOLT y otros, *Historia del Siglo XX Chileno*, Santiago de Chile, Sudamericana, 2001, pp. 158-160.

en un convencimiento equiparable a un verdadero credo, según el cual todos los problemas humanos, si realmente habrían de llegar a ser solucionados, debían ser abordados con una mentalidad técnica, propia del ingeniero y del experto. Solo ella sería capaz de encuadrar la realidad bajo la lógica de la organización. Como se puede ver, tecnocracia y mentalidad tecnológica son dos caras de una misma moneda. Dice Pablo VI:

> Si hoy día se ha podido hablar de un retroceso de las ideologías, esto puede constituir un momento favorable para la apertura a la trascendencia y solidez del cristianismo. Puede ser también un deslizamiento más acentuado hacia un nuevo positivismo: la técnica universalizada como forma dominante del dinamismo humano, como modo invasor de existir, como lenguaje mismo, sin que la cuestión de su sentido se plantee realmente[24].

Así las cosas, la mentalidad tecnológica y la sociedad que se estaba configurando a su alero, teniendo esta siempre en la mira

---

24. Pablo VI, *Octogésima Adveniens*, 1971, 29. Por su parte, Benedicto XVI, precisamente recordando este párrafo, explica el mismo punto con meridiana claridad, en el que ha de considerarse –pensamos– como un pasaje clave del magisterio actual respecto de la técnica: «El desarrollo tecnológico puede alentar la idea de la autosuficiencia de la técnica, cuando el hombre se pregunta sólo por el *cómo*, en vez de considerar los *porqués* que lo impulsan a actuar. Por eso, la técnica tiene un rostro ambiguo. Nacida de la creatividad humana como instrumento de la libertad de la persona, puede entenderse como elemento de una libertad absoluta, que desea prescindir de los límites inherentes a las cosas. El proceso de globalización podría sustituir las ideologías por la técnica, transformándose ella misma en un poder ideológico, que expondría a la humanidad al riesgo de encontrarse encerrada dentro de un *a priori* del cual no podría salir para encontrar el ser y la verdad. En ese caso, cada uno de nosotros conocería, evaluaría y decidiría los aspectos de su vida desde un horizonte cultural tecnocrático, al que perteneceríamos estructuralmente, sin poder encontrar jamás un sentido que no sea producido por nosotros mismos». En *Caritas in Veritate*, 2009, 70.

en el incremento de la producción y en el logro de resultados garantizados por la planificación, se manifestó ella misma también como una ideología, de carácter más velado y "aséptico" que las tradicionales, pero que de igual modo permitía situarse con facilidad en el mundo y comprender con la misma pretendida claridad la dirección y finalidad a la que encaminaba el curso de los tiempos. Para quienes en su momento captaron este fenómeno, se habrá hecho natural el terminar identificando a esta mentalidad con su propia época.

1.4. La noción de "era de la técnica" en autores anteriores a Pío XII

En los veinticinco o treinta años que siguieron al término de la Segunda Guerra Mundial, es corriente toparse con una serie de historiadores, filósofos y pensadores en general que, a partir de diferentes visiones de mundo, postularon el surgimiento de la que llamaron "era de la técnica" o "de la tecnología" o, también, "civilización técnica". Algunos de ellos lo afirmaron más explícitamente, y propusieron el concepto intentando de fundamentarlo con algún rigor. Otros, los más, identificaron con claridad a la tecnología como el rasgo más importante de la época y como la clave para su comprensión global. Y si bien no necesariamente entraron de lleno en la cuestión de su nombre, la analizaron con lucidez, describiendo su *ethos* y sus numerosas consecuencias negativas. A decir verdad, luego de la Guerra la idea se hizo más o menos recurrente en los ámbitos intelectuales y se la utilizaba con naturalidad.

Antes del comienzo de la Segunda Guerra Mundial, ya habían aparecido reflexiones sobre aquel momento histórico, que sorprenden por su amplitud de miras y penetración. Antes de revisar las aportaciones de Pío XII, y en razón de que pueden considerarse como antecedentes de ellas, repasaremos brevemente algunas ideas de aquellos autores que percibieron anticipadamente la situación general a la que se encaminaba la civilización occidental, y que llegaría más claramente a verificarse una vez terminado el conflicto. Nada más que por razones metodológicas, entenderemos por autores "anteriores" a Pío XII tan solo en cuanto que publicaron al menos algunas de sus obras antes del inicio de su pontificado o en sus primeros años, si bien a varios de ellos se les puede considerar perfectamente como contemporáneos.

Siguiendo un criterio cronológico, se puede comenzar por el filósofo ruso Nicolás Berdiaev (1874-1948). En su obra *El destino del hombre contemporáneo*, de 1931, no tiene dudas en reconocer en la técnica a la fuerza o realidad más determinante de su época, y por ello será de toda lógica denominarla a esta precisamente así.

> La principal fuerza cósmica que actúa ahora y transforma la imagen de la tierra y del hombre, que deshumaniza y hace perder la personalidad, no es el capitalismo como sistema económica sino la Técnica, los milagros de la Técnica. El hombre ha caído bajo el poder y la esclavitud de su propio y asombroso invento: la máquina. Nuestra era se encuentra ante todo, bajo el signo de la Técnica y puede ser denominada la Era de la técnica. La Técnica es el último y más grande amor del hombre, y este cree en los milagros de ella en circunstancias que ha dejado de creer en todos los demás milagros[25].

Berdiaev percibía con claridad que la técnica alcanzada en su época es más que una condición material, por más relevante que fuese para la organización de la sociedad, y que ha llegado a ser como el espíritu que la anima. Y lo mismo sucede con lo que llama «capitalismo tecnológico», al que no puede tenerse únicamente como categoría económica: «él constituye también una categoría

---

25. Nicolás BERDIAEV, *El destino del hombre contemporáneo*, Santiago de Chile, Editorial del Nuevo Extremo, 1959, p. 107.

moral y, como tal, imprime su sello a la relación de hombre a hombre». Nada positivo ve el autor en este espíritu o categoría moral, pues observa que, dada su lógica intrínseca y por estar además apoyada en el cada vez más omnipresente poder de la máquina, la nueva mentalidad porta una transformación cultural que destruye la imagen integral del hombre al separar la vida del espíritu del resto de la realidad y desligándola por completo de ella[26].

Similares reflexiones se encuentran también en *Reino del espíritu y reino del césar,* publicada póstumamente en 1949, a un año de su muerte. Se ve aquí confirmada la idea de que la lógica o mentalidad técnica que se ha instalado en la cultura es la que tiene las mayores pretensiones totalitarias, y que es ahora más decisiva que cualquier otra, porque «la técnica no quiere reconocer ningún principio por encima de ella»[27]. Y aunque la irrupción revolucionaria de la máquina y su técnica aparejada comenzó hacia fines del siglo XVIII −es decir, con el inicio de la Revolución Industrial−, «es en nuestra época cuando la técnica ha adquirido un poder determinante sobre el hombre y las sociedades humanas y cuando ha nacido el tipo de civilización técnica. Esto todavía no podía decirse del siglo XIX, que fue complejo y contradictorio, pero que conserva el antiguo tipo de cultura»[28].

Para el autor, el hecho de que el hombre haya llegado al actual estado de dominio de la naturaleza se corresponde con «la última metamorfosis del reino del César», es decir, un último estadio de organización de la humanidad y de la idea sobre el poder y la autoridad que la rige, que no toma en consideración a Dios y su revelación, ignorándolo y, a la larga, despreciándolo. En otras palabras, «se trata del último estadio de la secularización». Pero a pesar de lo

---

26. BERDIAEV, *El destino del hombre contemporáneo,* p. 107.
27. BERDIAEV, *Reino del Espíritu y reino del César,* p. 56.
28. BERDIAEV, *Reino del Espíritu y reino del César,* p. 50.

anterior, Berdiaev no se cierra a la posibilidad de que en un futuro la técnica sea sometida al espíritu, y que el trabajo y el trabajador sean realmente liberados, todo lo cual supondría «un movimiento espiritual del mundo, obra de la libertad»[29].

De no menor lucidez que el pensador ruso debe tenerse al psiquíatra y filósofo alemán, Karl Jaspers (1883-1969), quizás el pensador más representativo de la lista y autor de una completa reflexión sobre el espíritu de su época, y que ejerció una considerable influencia en su generación. Su visión se encuentra contenida en dos obras, una de las cuales es anterior a la Segunda Guerra –de 1933– y otra, posterior –de 1949–. La primera lleva el decidor título de *Ambiente espiritual de nuestro tiempo*. Toda la obra consiste, prácticamente, en un gran esfuerzo por describir las características esenciales de su época y desentrañar el espíritu que la anima. El autor sabe que en verdad la tarea es imposible de lograr, porque requeriría de una mirada totalizadora de la que no es capaz una mente humana, y también porque el espíritu de una época es dinámico y, por ello, conceptualmente inasible, más aún para un contemporáneo. Pero lo anterior no anula el interés por la totalidad, pues seguirá existiendo la necesidad «de captar, conscientemente, y con la mayor decisión, el propio advenir en la situación particular»[30]. Como se puede ver, se trata de un análisis rico en perspectivas, lo mismo históricas y sociológicas, como morales y psicológicas. En cualquier caso, el autor puede ya proponer la que considera una característica clave de su tiempo: «Lo nuevo –dice Jaspers–, exteriormente evidente, es que de ahora en adelante ha de establecer los fundamentos de toda existencia humana y con ello nuevas condiciones, es el *desarrollo del mundo*

29. Berdiaev, *Reino del Espíritu y reino del César*, pp. 49 y 50.

30. Karl Jaspers, *Ambiente espiritual de nuestro tiempo*, Barcelona, Labor, 1933, pp. 28 y 29.

técnico». No obstante, ni la constatación de la mentalidad técnica ni la de ninguna otra característica en particular, serán suficientes para dar cuenta de la enorme complejidad de su tiempo. Todo esto, agrega el filósofo, suscita una sensación cada vez más intensa «de encontrarse en un recodo del mundo que no admite paralelo con ninguna de las épocas históricas particulares de los pasados milenios»[31].

La otra obra referida es *Origen y meta de la historia*, de 1949, un trabajo de gran envergadura y que suele considerarse entre los más relevantes del autor. Si bien se trata propiamente de una obra de filosofía de la historia, Jaspers vuelve constantemente al problema de la técnica, a la que juzga como una de las realidades más relevantes de su momento histórico presente[32]. El hombre de entonces, que se encuentra inmerso en su lógica, no puede ya sustraerse a la técnica, que es su propia creación[33].

Finalizada la Segunda Guerra Mundial y ya con mayor perspectiva, algunas de sus intuiciones se habían visto confirmadas. Para Jaspers, la Revolución Francesa y la Industrial, ocurridas prácticamente al mismo tiempo, habían iniciado aquel proceso único en la historia referido más arriba, cuyos frutos definitivos se estaban experimentando ya no solo en la cultura Occidental si no que en el mundo entero: existe ya la conciencia de que se está viviendo un viraje importantísimo de la historia[34]. Se trata, dice el autor, de «la Edad Técnica en que estamos hace escasamente siglo y medio, no ha llegado hasta los últimos decenios a su plena so-

---

31. JASPERS, *Ambiente espiritual de nuestro tiempo*, pp. 23 y 24.
32. «Hoy la técnica es tal vez el tema capital para comprender nuestra situación. No se exagerará nunca la importancia de la técnica y sus consecuencias para todas, absolutamente para todas las cuestiones de la vida», Karl JASPERS, *Origen y meta de la Historia*, Madrid, Revista de Occidente, 1953, p. 110.
33. JASPERS, *Origen y meta de la Historia*, p. 135.
34. JASPERS, *Origen y meta de la Historia*, p. 107.

beranía, que ahora se intensifica en una medida imprevisible». El sustento último en que esta civilización descansa es la ciencia experimental –de la que en buena parte procede la tecnología–, que ha creado nuevos fundamentos para toda la existencia humana[35]. Cabe notar aquí que Pío XII citó explícitamente a Jaspers en dos ocasiones, ambas en el mismo documento, y en uno de los casos fue precisamente en relación con la tecnología[36].

Similares intuiciones encontramos en el reputado historiador de la cultura inglés Christopher Dawson (1889-1970). En 1929 vio la luz *Religión y Progreso*, un notable intento de sintetizar la trayectoria espiritual de la civilización occidental a partir del principio teórico según el cual la religión representa el elemento más dinámico de las culturas, y que, en cuanto tal, su consideración permitiría comprenderlas del modo más profundo y explicativo posible. Al igual que los autores ya revisados, Dawson percibe que en su tiempo se ha llegado a un momento muy importante de la historia que constituye la culminación de un largo y sostenido proceso de desvanecimiento del sentido religioso. Hasta entonces, este sentido se lo había dado la fe cristiana, aunque con más precisión habría que afirmar que fue ella la que en primer término posibilitó que "Occidente" llegara efectivamente a constituirse en una cultura. Este proceso implicó también el olvido de aquellos valores espirituales universales que hasta el momento habían sobrevivido al proceso de secularización y que servían aún como fundamento del desarrollo de Occidente.

> Hemos entrado en una nueva fase de la cultura –podemos llamarla la Era del Cinematógrafo– en la cual la más asombrosa perfección

---

35. JASPERS, *Origen y meta de la Historia*, p. 71. Mayúsculas del original.
36. *Discurso al Congreso Internacional de Ciencias Históricas*, 7 de septiembre de 1955.

de la técnica científica está dedicada a fines puramente efímeros, sin tener en cuenta para nada su justificación última. Parece que estuviera surgiendo una nueva sociedad que no reconocerá jerarquía de valores, autoridad intelectual, tradición religiosa ni social, sino que vivirá por el momento en un caos de sensaciones[37].

No es coincidencia que en una época en que primase la capacidad técnica al mismo tiempo se presenciara la desaparición de una mínima reflexión o consideración seria respecto de los principales fines vitales del hombre, aquellos capaces de otorgar un sentido coherente a su existencia. Varios años después de la obra recién citada, el autor apunto una idea similar en *El juicio de las naciones,* publicado poco antes de acabar la Segunda Guerra Mundial. Constata aquí Dawson la existencia de una tendencia mundial a establecer "sociedades planeadas", concepto que él aplica lo mismo a las democracias liberales que a las ideologías totalitarias fascista y comunista. Estas sociedades planeadas presentan una evidente superioridad en poder y riqueza frente a las del pasado, pero adolecerían de dos puntos débiles en cuestiones esenciales. En primer lugar, dejan poco espacio a la libertad personal, y si bien es cierto que esto se verifica con menor intensidad en las democracias liberales, sucede, dice, más de lo que se aparenta. Y en segundo lugar, dichas sociedades sencillamente desdeñan los valores espirituales. «El triunfo de la mecanización social –sentencia Dawson–, es la derrota del espíritu: todo lo superior del hombre queda como aplastado y sin objeto»[38].

Sin embargo, Dawson realiza un importante matiz: lo que veía él caer en su tiempo no era precisamente "la cultura cristia-

37. Christopher DAWSON, *Progreso y Religión,* Buenos Aires, La espiga de oro, 1943, p. 263.

38. Christopher DAWSON, *El juicio de las naciones,* Buenos Aires, Inter Americana, 1944, p. 104.

na" o –según su expresión– «la cultura occidental en cuanto cristiana»: la catástrofe más bien la estaba sufriendo la cultura laica, cuyo fracaso, agrega, creó un vacío que apenas lo podía disimular el aparente orden científico y organizativo. Se trata de un vacío espiritual que deja insatisfechas las necesidades más profundas del hombre y que suscita «una zona de oscuridad y caos bajo el orden mecánico y la inteligencia científica del mundo moderno». Era totalmente esperable, concluye el autor, que de tal estado de cosas surgiera la demanda de un orden nuevo capaz de dar una solución total a los problemas sociales y que, se diría, «transformará la vida humana y rehará al hombre mismo». Y todo esto no podrá eventualmente lograrse si no es través de un nuevo planeamiento de la sociedad[39].

Según Dawson, lo que oprime desde su misma base a la libertad y al espíritu humanos es la organización económica, que no necesariamente tendría que darse de modo centralmente planificado, como lo intentaba llevar a cabo en ese momento el comunismo, o bien con un fuerte control del Estado sobre los particulares como ocurría con el fascismo: más precisamente, esta sociedad de la planificación y del control –estuviese este ya más o menos explicitado–, sustentada en el dominio cada vez mayor del ser humano sobre el medio natural y en el aumento de su capacidad productiva, se encuentra simplemente consagrada, afirma Dawson, «a la multiplicación cuantitativa de sus necesidades y satisfacciones materiales», razón por lo que habrá ella de terminar «en un pantano de propia indulgencia colectiva»[40].

En 1939, el año del comienzo de la Segunda Guerra y del ascenso del papa Pío XII a la cátedra de Pedro, José Ortega y Gasset (1883-1955) publicó *Meditación de la técnica,* cuya médula databa

39. Dawson, *El juicio de las naciones,* p. 118.
40. Dawson, *El juicio de las naciones,* pp. 111 y 112.

ya de un curso dictado en 1933. La obra fue muy probablemente
la primera que en abordar directamente el problema de la técnica
como fenómeno humano, anticipándose en varios años a *La pregunta por la técnica* de Heidegger (que revisaremos más abajo). La
perspectiva de Ortega es eminentemente filosófica, aunque incluye también una serie de contrastes entre las distintas etapas que
ha tenido la técnica durante la historia. Ciertamente no pretende
realizar un análisis de su momento histórico, pero era natural que
terminase haciendo referencia a él, entre otras cosas porque era
precisamente tal contexto el que debió de haber suscitado su reflexión. «¿Qué ha pasado en la evolución de la capacidad técnica
del hombre –se pregunta el filósofo español– para que llegue una
época en que, a pesar de haber sido él siempre técnico, merezca
con alguna congruencia ser fichada formalmente por la técnica?» Si bien este estado de cosas fue posible gracias al enorme
desarrollo que la técnica había tenido en los últimos años, para
Ortega el nivel adquirido «solo ha podido producirse porque la
función técnica misma se haya modificado en algún sentido muy
sustancial»[41]. Más que solamente un incremento de las capacidades humanas se trataba sobre todo de una modificación del lugar
que ocupa la técnica en el horizonte general de la vida humana.
En otras palabras, había sido superada la función que la técnica
siempre había tenido en los asuntos humanos y se había transformado en algo más.

Y al igual que otros autores citados, Ortega observa que en
una civilización con tal sustento técnico concomitantemente se
producen consecuencias inéditas. La más decidora es la que llama "crisis de los deseos", ante la cual la técnica alcanzada no
parece servir de nada. Si bien esta crisis no era una consecuencia

---

41. José ORTEGA Y GASSET, *Meditación de la técnica*, Madrid, Espasa-Calpe, 1965, p. 69.

directamente causada por la técnica, esta no podía sino hacerla más evidente e intensa, porque uno de los efectos propios del incremento técnico es la superabundancia, la cual puede con mucha facilidad llegar a pasmar al sujeto quien, por estar ante tal gama de posibilidades, se le hará cada vez más difícil orientar sus deseos, al mismo tiempo que se favorecerá su banalización. Quizás este problema sea la enfermedad propia de su tiempo, reflexiona Ortega, adelantándose así en treinta años al tópico que posteriormente tendría gran relevancia durante la década de los 60. Todo el repertorio técnico que el ser humano ha conseguido y que con holgura es superior al que hasta ahora había gozado la humanidad, no es suficiente. «La desazón es enorme –dice el filósofo español–, y es que el hombre actual nos sabe qué ser, le falta imaginación para inventar el argumento de su propia vida, concluye el autor.

A la luz de este repaso por algunos autores anteriores y contemporáneos a Pío XII, se puede constatar que la idea de "era de la técnica", que paulatinamente desarrolló durante su pontificado, ya había sido sostenida por pensadores relevantes del momento y se le había dedicado una considerable atención. Como veremos un poco más abajo, otros autores contemporáneos y posteriores a Pío XII adhirieron también a esta misma línea de pensamiento, que continuó desarrollándose al menos durante las décadas del 60 y 70. Además, el contraste entre el pensamiento del pontífice con el de todos estos autores servirá, por una parte, para aquilatar y apreciar la profundidad de sus meditaciones y la admirable síntesis en que se apoyan. Por otro lado, aquel contraste manifiesta la relevancia cultural que había adquirido la técnica en su tiempo y la sobrada justificación que tuvo el papa para otorgarle un lugar no menor en su magisterio. Se trataba de una realidad que estaba en la base de múltiples desafíos y amenazas para el hombre de su tiempo, tanto de naturaleza social como espiritual, y que no arriesgando demasiado el juicio pueden también hoy reconocerse como plenamente vigentes.

2. La "era de la técnica" en la reflexión de Pío XII y en autores de su época

En el magisterio de Pío XII pueden hallarse continuas referencias a la idea de que la civilización occidental estaba entrando en una "era tecnológica" o "era de la técnica", tópico en el que se detuvo en varias ocasiones para analizarlo y explicarlo. Huelga aclarar que el pontífice no está haciendo las veces de historiador o pretendiendo dar una fundamentación sistemática del momento presente, como tampoco ha de haber deseado proponer paradigmas explicativos de carácter sociológico. Pero es un hecho indiscutible que acometió la tarea de meditarla con una insistencia mayor que la de sus predecesores. Es claro que una reflexión general sobre los propios tiempos puede considerarse connatural a cualquier pontífice, pero probablemente la necesidad de realizar una tal reflexión se hizo cada vez más intensa luego de las Revoluciones Francesa e Industrial. Con ellas se había instalado en la cultura una serie de principios sociales y espirituales incompatibles con la ley del Evangelio, y que estaban siendo abrazados por una cantidad cada vez mayor de personas. Es razonable pensar que estas circunstancias hayan forzado a los últimos papas a meditar seriamente su propia época y pronunciarse sobre las "nuevas realidades nuevas". El fin que ha de mover una reflexión de ese tipo será el de discernir en los principios, realidades e ilusiones del momento, todo aquello que podía ser aceptado por la fe cristiana de aquello que debía ser rechazado. Con el paso del tiempo, esta labor se dificultó sobremanera, sobre todo en aquella época crucial en que Pío XII gobernó la Iglesia. Con esto a la vista, se puede comprender que en su magisterio haya existido un especial esfuerzo por desentrañar el *ethos*, "espíritu" o "mentalidad" más íntimo de la época[42].

Con todo, es natural que en su condición de pastor y cabeza de la Iglesia sus motivaciones y análisis tuviesen, en su nivel más profundo, un carácter pedagógico y pastoral propios de su misión. De aquí que no quepa extrañarse que en sus reflexiones no haga un tratado sistemático de la "era de la técnica" y que su pensamiento se halle disperso en múltiples documentos y discursos, que habían sido además dirigidos a públicos y contextos diversos. Sin embargo, no por eso ha de considerárseles menciones accidentales o referencias sueltas, motivadas quizás por una necesidad retórica o como recurso pedagógico: lo que en realidad trasunta del conjunto de sus enseñanzas es la convicción de que *el desarrollo tecnológico y la mentalidad tecnológica, se habían convertido en un real fundamento de la cultura occidental, si no en el más importante.* De hecho, sin temor puede afirmarse que la tarea de develar lo mejor posible los errores insalvables de esta mentalidad y su total incompatibilidad con la fe cristiana fue probablemente el principal objetivo que persiguió Pío XII en su meditación global sobre la tecnología.

En efecto, al mirar el conjunto de sus reflexiones, se cae en la cuenta de que apenas podría separarse las ideas de *era tecnológica* de la de *mentalidad tecnológica* o *espíritu técnico.* Sin ir más lejos, no podría siquiera hablarse de una *era tecnológica* si no fuese sobre la base de la existencia de una mentalidad o espíritu afín, que hubiese llegado a constituirse como una de las características

---

42. Cfr. Ildefonso CAMACHO, *Doctrina Social de la Iglesia. Una aproximación histórica*, Madrid, San Pablo, 1991, pp. 15 y 16. Para el autor, el hecho de que la Iglesia ya no presida con su autoridad el dinamismo de la sociedad y tenga tan solo un papel secundario, no obsta para que dicho tipo de reflexión siga teniendo lugar en la Doctrina Social de la Iglesia, la cual no puede dejar de pronunciarse acerca de los principales problemas e ideas de la época.

fundamentales de la cultura. No obstante, para facilitar el análisis conviene tratar ambos conceptos por separado. De esta manera, en relación con la *era tecnológica*, se revisará primero la descripción de carácter neutral que realiza Pío XII sobre su época y los desafíos que el momento histórico suponían para la humanidad y, a continuación, lo que dice de la misma *era* pero en relación con la *mentalidad tecnológica,* donde se abordará la visión especialmente crítica que tiene el pontífice de los rasgos propios de esta mentalidad y de los principios filosóficos de los que proceden.

2.1. La Noción de "era de la técnica" según Pío XII

En el magisterio de Pío XII pueden encontrarse no menos de quince ocasiones en que emplea indistintamente tanto el concepto de "era" o "época" tecnológica, como el de era "de la técnica" y "época técnica"[43]. En otros lugares se refiere también a su momento histórico como la época de la "segunda revolución industrial" o bien, como el de la "segunda revolución técnica". En algunos de estos casos tales expresiones son usadas más bien al pasar, como una idea conocida por la mayoría; pero en otras las utilizada intencionadamente con el propósito de describir y juzgar sobre algunos rasgos esenciales de su tiempo. «A nuestra edad –dice en algún lugar el papa– se la suele llamar el "siglo de la tecnología". Con el progreso de las ciencias naturales, la técnica, destinada a la aplicación y uso de las fuerzas de la naturaleza, tiene la intención, con un movimiento rápido e imparable, de superar cada vez más el espacio y el tiempo y hacer cada vez más

---

43. Consideramos en esta suma únicamente los casos en que el término aparece explícitamente, pero se podría agregar muchos más si se contabilizaran las referencias al "espíritu técnico", en cuanto que característica fundamental de su tiempo.

poderosos sus logros»[44]. Así podía expresarse en ocasiones el pontífice, utilizando el concepto con naturalidad, incluso al dirigirse a públicos específicos y reducidos. De esta manera, a la clásica enumeración y descripción de los adelantos científicos y técnicos, unía con cierta frecuencia la idea de que se estaba viviendo una "edad" nueva. Pío XII constata que el poder alcanzado por el hombre a través de sus logros científicos y técnicos ha llegado a ser de tal magnitud,ha llegado a ser de tal magnitud, sido de tal magnitud, que lo ha instado a replantearse existencialmente su "lugar en el cosmos". O como lo expresa Jaspers, considerando además los adelantos en transportes y comunicaciones, la técnica había posibilitado «una nueva conciencia del mundo, por estar ahora "el globo entero ante nuestros ojos"»[45].

El desarrollo de la técnica continuaba llevando a la humanidad por la senda abierta por la Revolución Industrial un siglo y medio antes[46]. A grandes rasgos, los objetivos que se habían perseguido a partir de ella fueron el liberar progresivamente al hombre del esfuerzo "orgánico" de su trabajo, aumentar la producción y abaratando al mismo tiempo los costos, asegurar resultados y diversificar los distintos bienes de consumo. Por supuesto, en la base de todo ello se encontraba el objetivo de los dueños de los capitales y ulteriormente también de los estados de incrementar las ganancias. Con el tiempo, la misma lógica técnico-procedimental se expandió a otros ámbitos no estrictamente industriales de la so-

---

44. *Alocución a grupos italianos del Renacimiento Cristiano*, 22 de enero de 1947. También en *Alocución a los jóvenes de Acción Católica masculina de Italia*, 12 de septiembre de 1948.

45. JASPERS, *Origen y meta de la Historia*, p. 127.

46. «En el mundo comienza a alborear una segunda revolución industrial», observa el papa en esos mismos términos, *la Carta del Secretario de Estado, Monseñor Dell'Acqua, a la 43° Semana Social de Francia, sobre las Exigencias Humanas de la Expansión Económica*, 10 de julio de 1956.

ciedad, como los de la educación, psicología, medicina, el deportivo y en la administración organizacional, entre muchos otros[47]. En otras palabras, la técnica moderna hizo más eficaz y eficiente el entero ámbito productivo, el de su capacidad *poiética,* según la terminología clásica.

En el mismo *Radiomensaje de Navidad* de 1953, el papa confirma con elocuencia la bondad de todos estos logros humanos. Al contemplar el conjunto, dice, pareciera

> como si la misma naturaleza aprobase satisfecha todo cuanto el hombre ha realizado en ella, y lo estimulase a continuar más adelante en su investigación y en la utilización de sus extraordinarias posibilidades. Es claro que toda investigación y descubrimiento de las fuerzas de la naturaleza, realizados por la técnica, se resuelven en investigación y descubrimiento de la grandeza, de la sabiduría, de la armonía de Dios. Considerada así la técnica, ¿quién podrá desaprobarla y condenarla?[48].

Llegó a ser relativamente frecuente en ese entonces que el papa manifestara sin dobleces su admiración por los logros técnicos conseguidos por la humanidad y que resaltara las grandes posibilidades que estos abrían. También puede citarse como ejemplo lo expresado en 1958 ante la *Asociación Cristiana de Artesanos Italianos* cuando, recordando la última ocasión en que once años antes

---

47. No es difícil ver cómo este dinamismo ha seguido operando hasta nuestros días, extendiéndose a cada vez más ámbitos de la vida humana. Precisamente en esto es en lo que en nuestros días ha insistido el filósofo coreano-alemán Byung Chul Han, al identificar al rendimiento como el rasgo característico de las sociedades actuales e incluso como su norma ética fundamental, todo lo cual no podía sino acabar en una "sociedad del cansancio", para ocupar el título de uno de sus libros más conocidos. Cfr. *La sociedad del cansancio* Madrid, Herder, 2012.

48. *Radiomensaje de Navidad,* 24 de diciembre de 1953.

les había dirigido unas palabras, les decía, maravillado: «Desde entonces, ¡cuántas transformaciones han llegado a cambiar la faz de la sociedad humana!». Y enumeraba a continuación las sucesivas novedades que se presenciaban en los distintos ámbitos de la vida social, como las nuevas fuentes de energía, la creciente extensión de los mercados, las nuevas estructuras económicas etc., notando que surgen de ello «posibilidades variadas, que le permiten (al hombre) asegurar mejor su estabilidad y desarrollo futuro»[49].

En un tono parecido se expresó también el pontífice en su *Radiomensaje de Navidad* de 1952, en relación con lo que podía considerarse como un "símbolo técnico" de la época, las empresas de la industria moderna, en las que la mentalidad tecnológica permeaba en los distintos planos de la organización. Se trató de un discurso muy crítico de estas grandes organizaciones y del espíritu que las alentaba, pues las consideraba particularmente responsables de la despersonalización de las sociedades, aunque al mismo tiempo era un efecto natural de la extendida tendencia a reducir al ser humano a la categoría de medio y a tratarlo como un factor más de la producción. Esta dura crítica, sin embargo, no agota el juicio global del papa respecto de aquellas organizaciones, pues lo que primeramente han de despertar estas –afirmaba– es la admiración:

Sin duda, son maravillosas implementaciones del poder inventivo y constructivo del espíritu humano; estos emprendimientos apuntan acertadamente a la admiración del mundo, que, según reglas que se han reflejado con madurez, logra coordinar y combinar la acción de los hombres y las cosas en su fabricación y administración; Sin duda, igualmente, su sólido orden y no pocas veces la completa-

---

49. *Alocución a miembros del Congreso Nacional Italiano de Artesanos*, 15 de febrero de 1958.

mente nueva y propia belleza de sus formas externas son motivo de legítimo orgullo en la época actual[50].

Y en un sentido muy similar podía expresarse ante públicos más específicos, como por ejemplo lo hizo en varias ocasiones con ingenieros y científicos. Remarcaba primero el carácter esencialmente positivo que, tarde o temprano, producía su trabajo, para luego insistir en cuán necesariamente estaba unida a su labor una gran responsabilidad, tanto en relación con los peligros en la aplicación de sus descubrimientos como con los riesgos asociados a la misma investigación[51]. Y en un sentido parecido, se expresaba ante la Sección Femenina del Comité para la Unidad y Universalidad de la Cultura, tomando como un signo consolador que «en esta época de triunfo de la ciencia, que extiende más allá de todos los límites previsibles el poder de la actividad humana», se forma-

50. *Radiomensaje de Navidad,* 24 de diciembre de 1952.
51. Citamos algunos ejemplos: «La civilización actual se distingue por una extraordinaria evolución de los medios de acción del hombre, de su capacidad de observar los fenómenos, fabricar herramientas destinadas a transformar la materia, construir máquinas capaces de vencer las distancias, establecer intercambios rápidos y seguros entre los diversos países. Y estos resultados son fruto de la investigaciones del ingeniero y de sus largos y minuciosos esfuerzos por mantenerse al día». *Alocución a la Asamblea Plenaria de la Pontificia Academia de Ciencias,* 24 de abril de 1955; «Tanto si sus obras están dedicadas a fines prácticos, como si están dirigidas únicamente a la investigación científica, forman parte de la red de innumerables esfuerzos que hacen avanzar a la humanidad hacia el fin que le asigna su Autor. Que cada uno continúe, pues, con valentía e integridad la tarea que le ha tocado, con el generoso pensamiento de realizar un servicio de interés general, sumamente útil y digno». *Discurso a los delegados presentes a la Décima Asamblea General de Geodesia y Geofísica, 24 de septiembre de 1954.* El discurso más elocuente dado a los ingenieros fue el *Discurso a los participantes del Primer Congreso Internacional de Ingenieros,* del 9 de octubre de 1953, que revisaremos un poco más adelante.

ran aún grupos de estudio «orientados no hacia un expansión de conquistas técnicas, sino hacia una profundización interior, a una investigación de ninguna manera utilitaria, pero sí desinteresada y benéfica»[52].

2.2. La "era de la técnica" en autores contemporáneos y posteriores a Pío XII

Como complemento de la revisión de pasajes en que Pío XII se hubo referido concretamente a una "nueva época", corresponde ahora atender a algunos autores coetáneos o inmediatamente posteriores a su pontificado, quienes con creciente perspectiva histórica coincidían con él en la idea de un cambio de época y en que su rasgo esencial lo constituía la mentalidad tecnológica.

Comenzamos esta revisión con Martín Heidegger, el más renombrado de entre los pensadores y filósofos que promediando el siglo reflexionaron sobre el fenómeno de la técnica. Su acercamiento fundamental y más conocido lo realizó en *La pregunta por la técnica*, breve obra derivada de una conferencia dada en 1953 y publicada al año siguiente. Su tesis fundamental consiste en distinguir la técnica de la «esencia de la técnica». En el primer sentido, la entiende como una dimensión propia del hombre gracias a la cual es capaz de producir instrumentos, de los que dispone luego para la acción: se trata de «lo dis-puesto» o, en otras palabras, de lo exclusivamente instrumental. En cambio, «la esencia de la técnica» consiste más bien en lo que llama el «desocultamiento», que el hombre lleva a cabo en la naturaleza y en el mundo el mis-

---

52. *Alocución a miembros de la Sección Femenina del Comité para la Unidad y Universalidad de la Cultura*, 26 de enero de 1956.

mo ha creado[53]. Pero este «desocultar», que constituye la esencia de la técnica, y a diferencia de la técnica moderna, cuya médula es exclusivamente –en el lenguaje del autor– la «provocación», no está referida a ella misma y a sus productos, sino que remite a la *aletheia,* a la búsqueda de una verdad mayor, que ha de buscarse en el ser mismo de las cosas, verdad «tras la cual *vamos».* Y así lo sintetiza el pensador alemán: «La esencia de la técnica no es nada técnico»[54]. No ha de entenderse, sin embargo, a la sola técnica en un sentido negativo: la técnica misma, es decir, su sola dimensión instrumental, puede contener un principio salvador, dice Heidegger, en la medida en que se considere la esencia de la técnica y no permanezcamos «embelesados solo en lo técnico. Mientras concibamos la técnica como instrumento, vamos a permanecer apegados a querer dominarla y omitiremos la esencia de la técnica», que según el autor es constitutivamente ambigua: «tal ambigüedad –sentencia Heidegger– se indica en los misterioso de todo desocultamiento, esto es, de la verdad»[55].

Pero será en obras y entrevistas relativamente tardías, de las décadas del 50 y 60, en las que Heidegger se referirá explícitamente a una "era" o "época de la técnica". En *Introducción a la metafísica,* por ejemplo, publicada en 1953 –aunque escrita previamente para una lección pronunciada en 1935–, se refiere de un modo indirecto a la "mentalidad técnica": «Rusia y América, metafísica-

53. Martin HEIDEGGER, «La pregunta por la técnica», en *Ciencia y técnica,* Santiago de Chile, Universitaria, 2ª ed., 1993, pp. 95 y 96. El volumen es una compilación de los editores, que incluye diversas obras del autor.
54. HEIDEGGER, «La pregunta por la técnica», en *Ciencia y técnica,* pp. 107 y 108. Con expresión muy similar, Benedicto XVI vino a coincidir con Heidegger, en la encíclica *Caritas in Veritate,* 69, en 2009: «La técnica –dice el papa– nunca es solo técnica».
55. HEIDEGGER, «La pregunta por la técnica», en *Ciencia y técnica,* pp. 104 y 105.

mente vistas, son la misma cosa: la misma furia desesperada de la técnica desencadenada y de la organización abstracta del hombre normal»[56]. En otras palabras, detrás de las evidentes diferencias entre los sistemas que Rusia y Estados Unidos representaban, era posible identificar sobre aquellas una unidad y un espíritu más general, en que ambas venían a coincidir.

Pero la reflexión más directamente relacionada con una "época de las técnica" se encuentra en el ensayo *La época de la imagen de mundo*[57]. Aparece aquí la explicación más acendrada –no obstante lo arduo que resulta en ocasiones su comprensión– de lo que se diría el elemento "formal" de la Época Moderna, y donde realiza un contraste de ella con anteriores épocas. Lo medular de la Época Moderna consistiría en su convicción de que el hombre es capaz puede proponerse una «imagen del mundo», donde por imagen ha de entenderse una representación del mundo global del mundo «traída a los ojos» por lo propia mente humana. A esta pretensión le subyace la idea de que tal empresa es posible, y que el hombre, a partir de sus propias categorías y procedimientos mentales, se encuentra en condiciones de *representarse todo lo existente*, y de ser capaz de someterlo a tales categorías de manera que el mundo llegue a hacerse *plenamente comprensible*, es decir, de hacerse de él *una imagen*. Este rasgo es, para nuestro pensador, precisamente lo que caracteriza a la Edad Moderna y que en el último siglo –es decir, entre 1850 y 1950– se ha hecho más patente, y cuando parece estar sacándose todas las consecuencias de sus premisas.

---

56. *Introducción a la Metafísica*, Buenos Aires Nova, 1980, p. 75. Tomado de Josep M. ESQUIROL, *Los filósofos contemporáneos y la técnica. De Ortega a Sloterdijk*. Barcelona, Gedisa, 2011, p. 42.

57. Martin HEIDEGGER, "La época de la imagen del mundo", en *Anales de la Universidad de Chile*, 4, n°111, 1958, pp. 269-289.

Ahora bien: ¿En qué sentido preciso ve Heidegger nuestra época como caracterizada esencialmente como "de la técnica"? En principio, el fundamento de esta coincide con el de lo moderno en cuanto tal. La era de la técnica es el tiempo en que de manera cada vez más generalizada ha llegado a imponerse en la cultura el modo moderno de ver el mundo. Este periodo, dice el filósofo, tiene su origen en el siglo XVII con el despunte de la ciencia moderna. Esta última, no obstante y como intuitivamente suele pensarse, no es la causa de la técnica moderna, si no que más bien la manera en que ha sido concebida la técnica humana es lo que ha dado impulso a una ciencia que, paulatinamente, ha perdido su carácter teorético y –en términos generales– se ha puesto al servicio de fines útiles[58].

Es interesante observar que además de Karl Jaspers existen varios otros historiadores e intelectuales dispuestos a datar el inicio de una nueva época ya en los últimos años del siglo XIX, más o menos en torno a 1870 o 1880, momento en que proliferaron nuevos inventos y se consolidó una nueva mentalidad, ya reconocible, a la que suele dársele el nombre de "positivista". Esta mentalidad habría cristalizado de modo pleno precisamente a continuación de la Segunda Guerra Mundial, constituyéndose en algo así como el "tono espiritual" del nuevo tiempo histórico que parecía estar despuntando.

Entre los autores que sostienen esta opinión, puede considerarse en primer lugar al historiador inglés Geoffrey Barraclough (1908-1984), quien identifica tres fases sucesivas en que habrían ocurrido los cambios más importantes, de lo que llama «actitudes humanas»: la primera, comprendería entre 1880 hasta el comienzo de la Primera Guerra Mundial; la segunda, vendría a coincidir con el periodo de entreguerras, y la tercera, tendría su comienzo a continuación de la Segunda Guerra Mundial. Estas tres fases,

---

58. Heidegger, "La época de la imagen del mundo", pp. 269-289.

afirma Barraclough, forman parte de un mismo proceso histórico, a partir del cual ha de entenderse la época presente.

Los cambios científicos, tecnológicos e industriales que he resumido brevemente constituyen el punto de partida para el estudio de la historia contemporánea. Estos actuaron a la vez como disolvente del orden viejo y como catalizador del nuevo. Crearon la sociedad urbana e industrial como la conocemos hoy día. Fueron también los instrumentos que hicieron que la sociedad industrial –la cual, al finalizar el siglo XIX, todavía estaba confinada prácticamente a la Europa occidental y a los Estados Unidos– se fuese expansionando a las otras partes del mundo industrialmente subdesarrolladas. Como alguien observó, la tecnología es la rama de la experiencia humana que más fácilmente y con resultados más fáciles de predecir puede asimilar la gente[59].

La relevancia que posee la dimensión material en la configuración de las culturas es del todo evidente, y de aquí que cuando ocurren grandes cambios en ese orden –desde las malas cosechas prolongadas hasta el invento de la computación– será esperable que acontezcan mutaciones culturales de cierta importancia. Pero también podrá colegirse con facilidad que todo cambio en el orden material será vivido y absorbido en coherencia con la cosmovisión que cada cultura posea, y de ahí que no quepa esperar, si tales visiones de mundo en verdad tienen relevancia, que aquellas mutaciones deban llevar a las sociedades por caminos determinados o fatales. Así, cuando Barraclough se refiere a su carácter de «disolvente del orden viejo»[60], no está hablando únicamente de los cambios en el orden material, imposibles de ignorar, sino que

---

59. Geoffrey BARRACLOUGH, *Introducción a la Historia Contemporánea*, Madrid, Gredos, 1965, p. 65.

60. BARRACLOUGH, *Introducción a la Historia Contemporánea*, p. 61.

principalmente a los de carácter propiamente *espiritual,* que son los que constituyen el *ethos* de las culturas, y que más bien "causan" a los otros, pero que también en algún sentido "se siguen" de ellos. Cuando en esta misma obra Barraclough se propone explicar las transformaciones de la época desde una perspectiva artística y literaria, la cuestión queda expresada con bastante claridad. Si, como expone, se toma como punto de partida lo que llama «desintegración de la síntesis burguesa», ya iniciada en el ocaso del siglo XIX, la tarea consistirá en investigar si existe alguna otra síntesis cultural que la hubiese sustituido. Por esto razón, dos puntos en particular atraen la atención del autor: «primero, hasta qué punto se ha transformado nuestra actitud al contacto con la revolución científica y tecnológica, y segundo, hasta qué punto ha logrado formas de expresión propias y distintivas la nueva masa social»[61].

Continuando el análisis desde la perspectiva literaria y artística, luego de 1945 operó según Barraclough un marcado cambio de perspectivas e intereses, que eran tan extrañas a las del siglo XIX como a las del periodo de entreguerras. Estas perspectivas, más que haber sido rechazadas, sencillamente habrían quedado atrás. Hubo un viraje, dice, desde la introspección al modo de Proust, Valery o Eliot (ejemplos del autor) al existencialismo, o también «desde el punto de vista de la conciencia individual, hacia la concepción del individuo absorbido en una realidad intensificada por el ritmo acelerado de los nuevos procedimientos técnicos»[62]. En otras palabras, los artistas y escritores pasaron de la crítica y lamentación ante la sociedad industrializada y tecnificada, aquella

---

61. Barraclough, *Introducción a la Historia Contemporánea*, p. 290. Cfr. Geoffrey Brunn, *La Europa del siglo XIX. 1815 – 1914*, Ciudad de México, Fondo de Cultura Económica, 1964.

62. Barraclough, *Introducción a la Historia Contemporánea*, pp. 309 y 310.

"edad de la máquina" que había llegado a acabar con el mundo tal como se le conocía, a la aceptación de que la generación de posguerra llevaba a cabo respecto de un estado de cosas que parecía ser una nueva civilización, en la que la industria, la técnica y la organización, explica el autor, «se habían convertido en la base de la única sociedad con la que habrían de convivir toda su vida»[63]. La pregunta existencial que debía ser resuelta, concluye, consistía en averiguar «si sería posible entenderse con la sociedad industrial a pesar de complejidad y de la tirantez a que los sometía»[64].

Efectivamente, el momento histórico que ahora se examina, el del último tercio del siglo XIX en adelante, presentaba algunas particularidades importantes. En primer lugar, se puede observar en él un desarrollo de la técnica especialmente fecundo, impulsado no solo por sus logros concretos sino que en buena medida porque la centralidad que la propia cultura había otorgado a la producción y al factor económico en general –importancia que el nacionalismo, otro de los fenómenos de gran relevancia para la época, no vino sino a acrecentar, dado que el poder de los principales estados decimonónicos dependía del crecimiento económico que fueran capaces de alcanzar–. En segundo lugar, el fenómeno del desarrollo técnico acabó por identificarse con una mentalidad también de naturaleza técnica y utilitaria o –lo que es lo mismo– positivista. Así, los resultados concretos que exhibía la técnica fortalecían dicha mentalidad, al mismo tiempo en que esta podía arrogárselos como sus propios frutos, y como prueba de su capacidad para satisfacer necesidades y beneficiar efectivamente a la humanidad. O dicho de otro modo, se puede afirmar que quienes encarnaban la mentalidad positivista –vale decir, las capas más altas de la sociedad: la alta burguesía, el poder político, el

63. BARRACLOUGH, *Introducción a la Historia Contemporánea*, p. 307.
64. BARRACLOUGH, *Introducción a la Historia Contemporánea*, p. 310.

ejército y no pocos intelectuales– *realmente creían* en los logros de la ciencia y de la técnica, y los reputaban como el único verdadero camino para el desarrollo humano y de los pueblos. De las dos características mencionadas se seguía una tercera: el hecho de que el perfeccionamiento de la técnica dejó de ser un aspecto lateral del dinamismo cultural y llegara a constituirse en algo así como el núcleo alrededor del cual giraban ahora las sociedades, que no terminaban de deslumbrarse y comenzar a acostumbrarse a algún avance cuando ya aparecía otro tan sorprendente como el anterior.

También un historiador más reciente, el español José Luis Comellas, participa de esta visión. Apoyándose precisamente en Jaspers y Barraclough, profundiza sobre la importancia cultural del último tercio del siglo XIX, y lo propone también como el comienzo de una nueva era[65]. El autor advierte la relevancia del espectacular avance de la industria y del auge de los nuevos inventos y, siguiendo en esto al historiador inglés, los juzga como uno de los elementos configuradores de aquellos nuevos tiempos, a los que tendría que agregarse el enorme robustecimiento del estado contemporáneo, la conquista del mundo por Occidente y la aparición de las masas, que hubieron de alterar las estructuras sociales la dinámica de la política[66]. No obstante, Comellas considera que, con largueza, el elemento fundamental de la nueva época es precisamente la mentalidad positivista en sí misma, verdadera concepción de la vida, que conllevaba un estilo vital propio bien delineado[67]. Pero como afirma el historiador español, el aspecto más relevante que se siguió de esta mentalidad fue el hecho de que, sustentada en el poder que era capaz de exhibir, acabó ella convirtiéndose en

---

65. De hecho, dedica enteramente a la cuestión una obra particularmente interesante, más arriba citada: COMELLAS, *El último cambio de siglo*, 2000.
66. BARRACLOUGH, *Introducción a la Historia Contemporánea*, p. 35.
67. BARRACLOUGH, *Introducción a la Historia Contemporánea*, p. 40.

auténtico sucedáneo de la religión, en un «sustitutivo de Dios, o por lo menos, puesto que la idea de Dios ha quedado oscurecida por los increíbles logros humanos, en un ser glorificable. "¡Gloria al hombre en las alturas! –cantaba Swinburne en 1871–: porque el hombre es el señor de todas las cosas"»[68]. Y como no podía ser de otra manera, tal optimismo se sustentaba en «la fe ciega en el progreso», es decir, en la eficacia de la ciencia teórica cuando es puesta al servicio de fines prácticos, cuyos logros, considerados en su conjunto, constituyen la tecnología[69]. Y todo este conjunto de cosas –porque de esto se trata la asunto, a fin de cuentas– podía ya observarse en la década 1870 y 1880.

Cabe también considerar al norteamericano Daniel Bell. De formación sociológica, su obra constituyó un aporte importante a la discusión sobre los nuevos tiempos, sobre todo por haber acuñado y desarrollado la noción de *sociedad posindustrial*. El intelectual ya había llamado la atención en 1960 con su obra *El fin de las ideologías*[70], más arriba referida; pero luego, en 1973, publicaría su trabajo más representativo: *El advenimiento de la sociedad posindustrial,* con la que vino a sumarse a la reflexión sobre la idea de posmodernidad, que comenzaba por esos años. No se trata de una obra propiamente histórica, pero su interés por dilucidar la sociedad de su tiempo, lo conduce en cierto momento a entrar en la cuestión de las épocas y de sus hitos divisorios. Coincide Bell con los autores recién citados respecto de que la década de 1870-1880 constituyó el momento en que pudo ya reconocerse el *ethos* de un nuevo tipo de sociedad, que llegaría a cristalizar a partir de 1945.

---

68. Comellas, *El último cambio de siglo,* p. 35. Cfr. Algernon Charles Swinburne, *Songs before sunrise,* Londres, 1983.
69. Comellas, *El último cambio de siglo,* p. 40.
70. Bell, *El fin de las ideologías,* 1964.

Nuestra autoconsciencia del tiempo, que es en sí misma un aspecto de la modernidad, nos urge a buscar ciertos puntos simbólicos que marquen la emergencia de una nueva comprensión social. Alfred Whitehead subrayó en una ocasión que el siglo XIX había acabado en la década de 1880, siendo su última década lozana la de 1870. Se podrá igualmente afirmar que en el periodo de 1880 a 1945 fue cuando explotaron las viejas ideologías occidentales, culminando en los temibles afanes del fascismo y comunismo que construyeron el nuevo Leviatán. El periodo posterior a la terminación de la Segunda Guerra Mundial ha producido una nueva conciencia sobre el tiempo y el cambio social. Se podría decir con razón que en los años 1945-1950 fueron simbólicamente, los «años del nacimiento» de la sociedad postindustrial[71].

Algunos de los indicios sugeridos por Bell para sostener esta aparición de una nueva época, fueron la rapidez con que se utilizaron las enormes potencialidades de la energía atómica, la aparición de nuevos modos de análisis de la economía (el índice de Producto Interno Bruto, por ejemplo) y técnicas inéditas de producción y planificación. Incluye también la mundialización de las relaciones políticas suscitada por la Segunda Guerra Mundial entre los países occidentales con los del "tercer mundo" y, por último, la uniformidad económica que estaba adquiriendo el mercado internacional. Pero para el autor el cambio más significativo es el de «índole moral», causado por la aparición de una nueva orientación al futuro, posible de reconocer en un gran número de naciones y sistemas sociales. «Algunos observadores –prosigue Bell– han visto el alba de una nueva historia universal en el hecho de que todas las sociedades, por vez primera, están creando fundamentos tecnológicos comunes». Al igual que Pío XII y que otros autores

---

71. Daniel BELL, *El advenimiento de la sociedad postindustrial*, Madrid, Alianza, 2006, p. 387.

ya revisados, también Bell apunta como un rasgo relevante de la nueva sociedad el aumento de las capacidades de control respecto de una serie de aspectos personales y sociales posibilitados por la ciencia y la tecnología. «Son la racionalidad, planificación y previsión, en resumen, los signos distintivos de la edad tecnocrática. La visión de Saint-Simon, al parecer, ha comenzado a dar fruto»[72].

Por último, examinamos a dos filósofos italianos de gran lucidez, ambos católicos: Augusto Del Noce y Sergio Cotta. Sus reflexiones sobre la mentalidad tecnológica fueron escritas durante las décadas del 60 y 70, y no es difícil reconocer en ellas la influencia de las ideas de Pío XII. En el primero, fue recurrente la reflexión sobre el advenimiento de la "civilización tecnológica", sobre todo después de los acontecimientos del Mayo del 68, en artículos publicados tan solo algunos meses después de ocurridos[73]. Con una penetración admirable, Del Noce postula la idea de que esta nueva civilización es un resultado natural de la simbiosis de dos corrientes que, *a priori,* podrían tenerse por contradictorias: por una parte, las premisas de carácter cultural del marxismo y, por otra, de la consolidación de lo que puede llamarse tradición positivista liberal, encarnada históricamente por la burguesía. A partir de lo anterior, Del Noce, cree identificar cuatro principios en el plano de las ideas que la cultura occidental ha abrazado definitivamente, los cuales darían el tono característico a la época presente. En primer lugar, el materialismo –tomado en el sentido de "desespiritualización"–, que a esas alturas compartían tanto marxistas como demócratas liberales; en segundo lugar, la aceptación más o menos generalizada del principio de eficiencia, productivi-

---

72. Bell, *El advenimiento de la sociedad postindustrial,* p. 399.

73. Augusto del Noce, *Agonía de la sociedad opulenta,* Pamplona, Eunsa, 1979. Los textos originales fueron escritos con ocasión de diversas charlas dictadas antes de acabar el año 1968.

dad y el consumo como verdaderos motores de la cultura; tercero, el desasimiento de todo lazo que uniera a la cultura con cualquier tipo de tradición, y, por último, la negación por principio de toda posibilidad de religiosidad seriamente considerada[74].

También coincidió del Noce con la idea de que, a continuación de la Segunda Guerra Mundial, la civilización tecnológica ya se había asentado y que ocupaba ahora el lugar que habían dejado

74. En cierto modo, no hacemos aquí sino resumir y comentar someramente el siguiente párrafo de Del Noce, que nos ha parecido la mejor definición y descripción de la era o civilización tecnológica, por lo que vale la pena revisarla en toda su extensión, y que data, ,como se dijo, de, tan solo de unos meses después de la revuelta de mayo del ′68: «Qué definición podemos dar de la sociedad tecnológica, puesto que con estas palabras indicamos, no la sociedad en la cual, por medio del aprovechamiento integral de los recursos naturales, ha sido eliminada toda distinción entre libres y esclavos, constituyendo un mundo en el cual el uso de las máquinas consentiría al hombre desarrollar sólo las actividades específicamente humanas, sino la sociedad caracterizada – permítasenos la expresión– por el totalitarismo de la actividad técnica, por la cual todo el obrar humano está considerado en orden a la transformación y a la posesión? Yo propondría la siguiente definición: se trata de una sociedad que acepta todas las negativas del marxismo contra el pensamiento contemplativo, contra la religión, contra la metafísica; que acepta, pues, la reducción marxista de las ideas a instrumentos de producción; pero que por otra parte, rechaza del marxismo los aspectos revolucionarios-mesiánicos, es decir, lo que queda de religioso en la idea revolucionaria. Bajo este aspecto, representa verdaderamente el espíritu burgués en estado puro; el espíritu burgués que ha triunfado de sus dos tradicionales enemigos: la religión trascendente y el pensamiento revolucionario. Quizás podríamos llegar a decir, y aprobar con pasajes del Manifiesto: por una singular heterogénesis de los fines, el marxismo ha obligado al espíritu burgués a manifestarse en estado puro, pero, una vez conseguido este resultado, se encuentra impotente para combatirlo. La sociedad tecnológica señala la abdicación del marxismo frente a los inventores de la organización racional de la sociedad industrial. Como Saint-Simon y Comte, considerando en estos dos filósofos la vertiente por la que se les considera representantes del esprit *polytechnique*, separada de la estrambótica religión con la cual querían juntar ese espíritu» Augusto DEL NOCE, *Agonía de la sociedad opulenta*, pp. 25 y 26.

el fascismo y el marxismo, y a pesar de la relativa vigencia del este último. Y así como la Revolución Rusa fue hija de la Primera Guerra Mundial, dice el filósofo italiano, y el comunismo supuso un renacimiento del milenarismo, a partir de la Segunda Guerra Mundial el lugar de este último fue ocupado por «la fe del poder liberador de la técnica». Según del Noce, una característica común de la forma «milenarista» de pensar consiste en afirmar la bondad intrínseca de lo absolutamente nuevo, de la que luego se deriva la necesidad de que sea destruido «todo lo que, con respecto a las actitudes morales, le ha precedido»[75]. Según el autor, la mirada oficial sobre la historia reciente que se manejaba dentro de la llamada sociedad del bienestar, proponía que desde el fin de la Segunda Guerra Mundial no solo el fascismo y el nazismo habían salido derrotados sino que también había ocurrido con toda la vieja tradición europea[76].

Sergio Cotta, por su parte, si bien no aborda directamente la cuestión del comienzo de la civilización tecnológica, ofrece no obstante una valiosa caracterización de ella. Para el autor, desde hacía ya un tiempo que la cultura occidental se sustentaba en gran medida en la ciencia, la técnica y la producción, y más precisamente, la mentalidad tecnológica –verdadero corazón de la civilización tecnológica– suponía la síntesis de estas tres actividades. La novedad no consistía en el hecho de que ocasionalmente éstas pudiesen relacionarse, sino en que existía ahora una «unión inseparable» entre el saber, saber hacer y hacer con eficacia[77]. Esta inseparabilidad, continúa Cotta, no era una resultante mecánica de las fuerzas de cada una ni una mera agregación, como querría un materialista, sino que consistía en que cada una requería ahora

---

75. Del Noce, *Agonía de la sociedad opulenta*, p. 153.
76. Del Noce, *Agonía de la sociedad opulenta*, pp. 44 y 45.
77. Sergio Cotta, *El hombre tolemaico*, Madrid, Rialp, 1977, pp. 59-61.

de los avances y resultados de las demás, por lo que prácticamente habían dejado de ser actividades autónomas. «Por esta razón –concluye el filósofo italiano– hace algunos años he propuesto denominar a esta síntesis de fuerzas con el término unitario de *energía tecnológica*»[78]. Y si bien en un comienzo las necesidades humanas son las que incitan a esta "energía" a operar según su propia lógica, muy luego será esta última la que termine solicitando y dirigiendo a aquellas[79].

En este apartado han sido revisados algunos autores más o menos contemporáneos al papa Pío XII, quienes utilizan un lenguaje similar al del pontífice y que proponen como él una comprensión de su propia época a partir de la categoría de era o civilización tecnológica, cuyas notas esenciales explicarían tanto o más que otros criterios generalmente propuestos relacionados con los totalitarismos o las guerras mundiales. Si bien entre estos autores hay quienes datan el inicio de esta época en las últimas décadas del siglo XIX o al finalizar la Segunda Guerra Mundial, no parece haber realmente una contradicción: en todos los casos se constata la emergencia de una misma mentalidad que, más allá de las

---

78. COTTA, *El hombre tolemaico*, p. 64.

79. COTTA, *El hombre tolemaico* p. 65. Coinciden estas observaciones con una idea recurrente del filósofo alemán Hans JONAS en *Sobre la práctica del principio de responsabilidad, Técnica, medicina y ética*, Barcelona, Paidós, 1997. La relación entre medios y fines se vuelve circular gracias a la tecnología, dice Jonas, y los objetivos que se persiguen fuerzan la aparición de la tecnología que los haga posible, pero al mismo tiempo, sucede que las nuevas tecnologías fuerzan nuevos objetivos que nadie había pensado antes. «La tecnología añade pues a los objetos de deseo y necesidad humanos otros nuevos e insólitos, incluso géneros enteros de esos objetos... Objetivos que en principio se producen sin ser solicitados y quizás casualmente, por hechos de la invención técnica, se convierten en necesidades vitales cuando se asimilan en la dieta socioeconómica acostumbrada, y plantean entonces a la técnica la tarea de seguir haciéndolos suyos y perfeccionar los medios para su realización», p. 19.

diversas formas en que esta pudiera concretarse, acabó gradualmente penetrando en la sociedad. Podría sintetizarse este punto de la siguiente manera: la visión de mundo representada por la mentalidad tecnológica se había delineado ya hacia fines del siglo XIX y se manifestaba ahora en las sociedades occidentales de forma cada vez más explícita, hasta tal punto de que ya era posible distinguirla y contraponerla –dialécticamente a veces– con otras visiones de mundo, y en particular –como era de esperarse– con la religión cristiana. Pero al finalizar la Segunda Guerra Mundial, dicha visión estaba más generalizada y se la podía ahora percibir como un todo, como una mentalidad completa y ya constituida, y no tan solo como parte de una visión de mundo más global, como lo había sido con las ideologías totalitarias. Fue de esta manera que, en buenas cuentas, llegó a surgir como la única visión capaz de encauzar el dinamismo de la cultura, o al menos como la dominante[80].

Como se mencionó en el primer capítulo, lo que en último término movía al papa a reflexionar sobre su propia época y a tratar de desentrañar su mentalidad, no era sino el enseñar a la grey a percibir los signos de los tiempos y a reconocer en ellos sus posibilidades y riesgos. Pero por encima de todo, el pontífice parecía querer develar el carácter deshumanizador y derechamente anticristiano de la mentalidad tecnológica, junto con el peligro que esta mentalidad representaba para la vivencia de la fe.

Antes de analizar la denuncia y condena que realiza Pío XII sobre estos últimos aspectos, y que han de considerarse como par-

---

80. Respecto de este punto, sería de gran interés investigar hasta qué punto la idea de posmodernidad y del "fin de los metarrelatos" vino de alguna manera a reemplazar a noción de "era de la tecnológica" en cuanto época, y a la de "mentalidad tecnológica" en cuanto visión de mundo; y seguidamente, por qué razones habría prevalecido el concepto de posmodernidad sobre ellas.

te medular de la reflexión del papa sobre la era y la mentalidad tecnológica, convendrá comenzar revisando brevemente los riesgos y
desafíos propios de los tiempos que advierte el pontífice. Si bien
son más o menos esperables, ayudarán también a comprender de
un modo más global su mirada sobre la tecnología, que se revela
plena de matices y en ningún caso carente de esperanza.

Capítulo III
Visión de Pío XII sobre la razón instrumental y la mentalidad tecnológica como tendencias deshumanizantes de la "era de la técnica"

1. Riesgos espirituales, antropológicos y sociales de la "era de la técnica"

Como es fácil de ver, el perfeccionamiento de la tecnología supone un incremento del poder humano, tanto sobre las fuerzas y virtualidades de la naturaleza como sobre el mismo ser humano. Lo mismo desde el punto de vista económico como político, este dominio de la naturaleza puede resultar inmediatamente amenazante, en la medida en que tal capacidad se ponga al servicio de intereses parciales y que tenga como horizonte únicamente el aumento del poder y lógica del dominio. Pero esta misma capacidad adquirida, que de modo natural causaba en la época una genuina admiración, puede también usarse para el bien. El papa resalta entonces el carácter ambivalente de la técnica y el difícil equilibrio que debe lograrse entre el uso legítimo del poder y aquel otro que ignora la primacía que la persona humana ha de tener en el orden social.

a. *Equilibro y ambivalencia de la "era de la tecnología"*

Cuando se contempla el aumento de la prosperidad económica y del bienestar material, se corre el riesgo, dice el papa, de olvidar el carácter parcial de estos logros o que, cuanto más, estos logros no son sino un primer momento necesario para alcanzar bienes mayores que, por tener carácter espiritual, pueden perfeccionar integralmente al ser humano. Si bien es esperable que los grandes avances e invenciones trastornen en un comienzo la vida de las sociedades no solo desde el punto de vista material sino que también en el orden intelectual y espiritual, a continuación debiera ocurrir, dice el Pontífice, que tras este periodo de transición y adaptación «la sociedad recupere la plena posesión de sí misma y domine los nuevos medios de acción que se han puesto en sus manos para lograr la verdadera realización, la floración equilibrada de todos los ámbitos de la cultura». Incluso los mismos ingenieros, afirma, debiesen tener parte en esta vuelta al equilibrio, midiendo los efectos de su trabajo no solo en relación con los resultados sino que considerando al mismo tiempo el desarrollo de la humanidad en su conjunto. Por sí solos los avances técnicos pueden satisfacer solo una categoría de necesidades, pero que si se toman como si fuesen suficientes, «se vuelven dañinos y perturban el orden existente en lugar de mejorarlo realmente»[1].

El equilibrio, no obstante, se hace particularmente difícil producto de la rapidez de los cambios. Al respecto, la "sensación de velocidad" del transcurrir del tiempo fue una percepción que fue extendiéndose precisamente desde fines de siglo XIX, en particular en las grandes urbes donde principalmente tuvo lugar aquella ola de inventos anteriormente descrita. Una sensación similar se

---

1. *Discurso a los participantes del Primer Congreso Internacional de Ingenieros*, 9 de octubre de 1953.

vivía en tiempos de Pío XII, sobre todo después de la Segunda Guerra Mundial, tanto por las novedades tecnológicas como por los sucesivos cambios políticos[2]. Pero lo que patentemente se reveló como un riesgo fue la percepción de que el hombre había perdido el control sobre los cambios, y de que no era ya capaz de racionalizar todas las consecuencias que estos traían aparejadas. Supuesto lo anterior, fue surgiendo en las sociedades occidentales la conciencia de una verdadera *contradicción vital,* que era inherente al poder tecnológico y a la capacidad de dominio alcanzada por el hombre.

Parecería que la humanidad de hoy –dice el pontífice–, que también ha sido capaz de construir la admirable y compleja máquina del mundo moderno, sometiendo a su servicio las enormes fuerzas de la naturaleza, se muestra entonces incapaz de dominar su curso, como si el timón se hubiera resbalado de las manos, y por lo tanto corren el riesgo de ser abrumados y aplastados por ellos[3].

La incapacidad de controlar los efectos de sus propios logros insta de modo natural a la humanidad a esperar alguna solución que permita preverlos o al menos aminorarlos; pero en vez de que se acepte el hecho de la libertad humana y la responsabilidad que

2. El filósofo personalista Emmanuel Mounier (1905-1950) describió con precisión este problema. Desde la época de Marx en adelante se acusaba que, en el mundo capitalista, todas las relaciones humanas, a la larga, tienen que ver con lo mensurable y con las utilidades. El mundo había experimentado, dice el filósofo francés, «una especie de aceleración propia de la organización técnica, del delirio mecánico que la lleva a sumergir en el camino, –por el desbordamiento de su propia actividad–, las necesidades que la han puesto en marcha, y los fines para los que ha sido concebida». Y para graficar, recuerda una conocida frase de John Ford quien, ante la pregunta de por qué sus empresas eran cada vez más numerosas, respondió: "porque no puedo pararme". En *El miedo del siglo XX,* Madrid, Taurus, 1957, p. 79.
3. *Radiomensaje de Navidad,* 24 de diciembre de 1952.

ella conlleva –sobre todo la de quienes detentan importantes cuo-
tas de poder–, la tendencia general, advertía el pontífice, es a esperar la salvación exclusivamente de los técnicos de producción y
organización. Los esfuerzos de estos jamás bastarán para constituir un mundo sin violencia, y menos aún si no se los vincula con
el fortalecimiento de los valores humanos, los cuales, precisamente
por estar radicados en la libertad, no pueden ser alcanzados por
planificación alguna. «¡Oh, cómo nos gustaría que todos se dieran
cuenta de esto en ambos lados del océano!», exclamaba el papa,
aludiendo obviamente al enfrentamiento propio de la Guerra Fría
entre Estados Unidos y la Unión Soviética[4].

Luego, en el *Radiomensaje de Navidad* de 1956, Pío XII vuelve
sobre las mismas ideas. Teniendo a la vista los sangrientos acontecimientos de la invasión soviética a Hungría, resalta nuevamente
la contradicción propia de la época que, a fin de cuentas, «hie-
re el orgullo humano». En efecto, el contraste es insoslayable: de
un lado, las desgracias de las guerras que por entonces afligían al
mundo y, de otro, la expectativa confiada del hombre moderno,
arquitecto y testigo de la "segunda revolución técnica", de poder
crear un mundo de plenitud en bienes y obras, liberado de la pobreza y la incertidumbre»[5]. Y a continuación, concluye el pontífice
con elocuente expresión:

> Algo, por lo tanto, no va bien en el sistema de la vida moderna, un
> error esencial debe estar corroyendo su raíz. ¿Pero dónde se esconde?
> ¿Cómo y por quién se puede corregir? En una palabra, ¿el hombre
> moderno logrará superar, sobre todo internamente, la angustiosa
> contradicción, de la cual él es el autor y la víctima?[6]

4. *Radiomensaje de Navidad,* 24 de diciembre de 1952.
5. *Radiomensaje de Navidad,* 23 de diciembre de 1956.
6. *Radiomensaje de Navidad,* 23 de diciembre de 1956. También por esos
años Lewis MUMFORD, un influyente intelectual norteamericano, describió con

Y en la Navidad del año siguiente retoma la idea de la perplejidad que provoca esta ambivalencia. Una vez que pasó la «primera oleada de exultación», afirma Pío XII, y dado que la espectacularidad de los avances y del conocimiento alcanzado había producido una verdadera «invasión sin precedentes del microcosmos y el macrocosmos, se preguntan (los hombres) si podrán retener su dominación sobre el mundo o si no serán víctimas de su progreso»[7].

b. *Racionalización de la existencia y ultra organización*

Otra amenaza propia de la época –en cuanto *era nueva*–, verificable tanto en los países comunistas como en las democracias occidentales, fue la generalización de la híper racionalización de la existencia, verificable principalmente de las grandes organizaciones de fábricas y empresas y del Estado. Este había sido el tema principal del Radiomensaje de Navidad de 1952, texto que inició en buena medida el tratamiento más o menos sistemático de Pío XII sobre la tecnología. Su preocupación consistía en la evidente despersonalización que, poco menos que por principio, tales organizaciones producían en sus miembros. Para el papa, no existen al respecto demasiados matices: «donde el demonio de la organización invade y tiraniza el espíritu humano, se revelan de inmediato los signos de la orientación falsa y anormal del desarrollo social». También el estado moderno se había transformado en una «máquina administrativa» que, a la par con la despersonalización que

lucidez esta contradicción, mirándola desde la perspectiva *del hombre interior:* «Lo que resulta de nuestra época –explica Mumford– es de un lado, la madurez intelectual, como sucede en las actividades cooperativas de la ciencia; de otro, una inmadurez emocional zafia y grosera… Progreso exterior y regresión interior. Racionalismo externo e irracionalidad interna». *Arte y técnica*, Logroño, Pepitas de calabaza, 2014, p. 44.

7. *Radiomensaje de Navidad*, 22 de diciembre de 1957.

de él emanaba, pretendía hacer objeto de su administración a muchas otras esferas de la vida, «hasta el nacimiento y la muerte». Se trata, dice el pontífice, de un clima que envuelve a las sociedades, y que hace olvidar el carácter de comunidad moral de ciudadanos, propio del Estado[8]. El ámbito en que por antonomasia se imponía este estado de cosas era el de las grandes ciudades, que tendieron a crecer sistemáticamente durante la posguerra, entre otras razones por la explosión demográfica que se estaba produciendo en todas partes del mundo.

Pero Pío XII nota con alarma una sorprendente consecuencia del estado de cosas recién descrito, observable sobre todo en los países comunistas, aunque no exclusivamente: la visión según la cual la superación misma de los desafíos económicos y sociales de la época requeriría para su consecución... *la misma despersonalización y racionalización del individuo humano*. La solución, según esta mirada, debiera provenir

> de un sistema que lo abarque todo y que, sin perjuicio esencial de la libertad, lleve a los hombres y las cosas a una fuerza de acción

8. *Radiomensaje de Navidad*, 24 de diciembre de 1952. Otros autores contemporáneos al papa, discurrieron análisis parecidos al suyo. Philipp LERSCH, por ejemplo, en *El hombre en la actualidad*, Madrid, Gredos, 1958. Su análisis se enfoca principalmente en los efectos espirituales y morales que la época produce en el hombre o, más propiamente, en su vida interior, «sacrificada –dice el psicólogo alemán– en aras de la dictadura del aparato y de la organización», la cual, naturalmente, carece de una concepción filosófica de la existencia capaz de orientar a las personas. «Por todo ello –afirma el autor– la época actual se siente perdida en su propia abundancia», p. 66. También el filósofo chileno Jorge MILLAS, en acabado estudio, analizó a principios de los años sesenta el fenómeno de la despersonalización en su obra en *El desafío espiritual de la sociedad de masas*, Santiago de Chile, Universidad de Chile, 1962. «La cosificación del hombre –dice Millas–, es decir, su reducción a valor de medio y no de fin, constituye uno de los riesgos más grandes a los que se ve sometido el hombre de la sociedad de masas y de la época tecnológica», p. 97.

cada vez más unida y creciente, haciendo uso de una fuerza cada vez más profunda de explotación del progreso técnico. Cuando se implemente este sistema, la salvación para todos surgirá automáticamente: un nivel de vida en constante aumento y pleno empleo en todas partes[9].

De esta manera, el estado adquiere sin más un carácter sagrado, como se verá en el capítulo siguiente. En otras palabras, se trata de algo así como de una "huida hacia adelante", pues, de no optarse por esto, volver atrás significaría o bien reconocer el límite de la capacidad humana para hacerse cargo de sus problemas espirituales –que, de suyo, involucran la libertad humana– o bien aceptar el hecho de que, para lograr efectivamente la liberación del hombre y la satisfacción de sus necesidades, la ciencia y la tecnología requerirían, para su óptima operación, que la libertad de las personas quedara cuanto menos provisoriamente subsumida en el sistema[10]. En resumen, dirá el papa, los hombres de esta mentalidad, exasperados por este estado de cosas, «estiman y enseñan que la contradicción fundamental de nuestro tiempo puede ser eliminada por el hombre mismo, sin Dios y sin religión». Apoyados en una tal mentalidad, ciertamente no cabrá la posibilidad de que este hombre, «creador y al mismo tiempo criatura de la era técnica», pueda detenerse a mitad de camino de su proyecto, y deberá persistir en su esfuerzo por extender su poder a todas la dimensiones de lo existente. Si se detuviera, supondría el tener que buscar «un compromiso entre la religión y la mentalidad técnica», lo cual dejaría en evidencia el error de base que tiene esta visión[11].

---

9. Cfr. *Radiomensaje de Navidad*, 24 de diciembre de 1952.
10. *Radiomensaje de Navidad*, 24 de diciembre de 1952.
11. *Radiomensaje de Navidad*, 24 de diciembre de 1956.

c. Rasgos "psicológicos" de la mentalidad tecnológica

Desde el punto de vista antropológico, todo este panorama debía generar un riesgo profundo para la vida interior psicológica y espiritual de las personas, lo que ya podía observarse con toda claridad en las sociedades de raigambre cristiana, al menos en las del primer mundo. Pío XII reparó en este problema, que estaba evidentemente conectado con el estado de la fe y penetración del Evangelio, su preocupación fundamental. Y percibirá como una característica general de la época la existencia de una «ansiedad interior», como la llama en más de un lugar[12], y que puede verse como el fruto de una serie de actitudes psicológicas propias de la era tecnológica, que se revisan a continuación.

La primera de estas actitudes, muy infrecuente en la historia de las culturas y que quizás solo tenga parangón en la Revolución Francesa o Rusa, es el desprecio o desinterés por el pasado, fenómeno que por lo pronto podría explicarse por dos razones. La primera sería la confrontación dialéctica que una o más de una generación hiciese con el pasado y, más precisamente, contra la tradición. Lo que los moverá en este caso será la pretensión de organizar la entera cultura desde cero, o al menos algunas de sus dimensiones más fundamentales, sobre bases de principios nuevos y mejor fundamentados que los anteriores. Y la segunda forma, la que se llevaba a cabo en tiempos de Pío XII, provenía de la convicción de que, simplemente, ya no era necesario tomar en cuenta ni los principios ni tradiciones del pasado para lograr las grandes metas de las sociedades, actitud que, como es fácil de ver, supone una gran confianza en las propias capacidades y medios. Este con-

---

12. En otras ocasiones, abordó también el pontífice la ansiedad e inseguridad de carácter político, social y económico, que se podía percibir tanto en los países desarrollados como en las regiones subdesarrolladas. *Alocución al Cuerpo Diplomático acreditado ante la Santa Sede,* 4 de marzo de 1956.

vencimiento tenía su fundamento en la ciencia y en la tecnología alcanzada por el hombre, que aparentaban estar llegando a una verdadera omnipotencia[13].
Como era de esperar, también quedaba incluida en este pasado la misma religión cristiana. Aunque esta venía siendo confrontada y relegada de modo más o menos sistemático desde el siglo XVIII, se veía ignorada ahora en cuanto *fuente de esperanza*. La asistencia de un poder trascendente al mundo podía ahora aparecer como un recurso que comprensiblemente se había utilizado en tiempos pasados, pero que ahora, habida cuenta del poder alcanzado por la humanidad, se revelaba simplemente innecesario. Se trata este de un riesgo importante para la fe precisamente porque no parecía presentarse necesariamente de modo dialéctico frente a la fe cristiana.

Este fenómeno puede considerarse todavía un riesgo y no todavía una realidad de por sí negativa, en la medida en que la posibilidad –supuesta– de prescindir de Dios no sea vista como una consecuencia necesaria de la era tecnológica, es decir, mientras no se la conciba como esencialmente unida a la mentalidad tecnológica, a la cual Pío XII sí tenía por esencialmente incompatible con la fe cristiana. Los antepasados no olvidaban, dice el pontífice, el carácter intrínsecamente limitado y falible de las fuerzas humanas, y precisamente por eso «recurrían a la oración». Ahora, en cambio, «la desidia en lugar de la oración en la llamada era industrial es el síntoma más relevante de la supuesta autosuficiencia, de la que se enorgullece el hombre moderno»[14]. Es verdad que, en cuanto acti-

---

13. «La prerrogativa de la humanidad en la era técnica actual –así se afirma– consiste en poder construir una y otra vez la sociedad con ese conocimiento tecnológico progresivo y sin necesidad de tomar lecciones del pasado», *Radiomensaje de Navidad*, 23 de diciembre de 1956.

14. *Radiomensaje de Navidad*, 24 de diciembre de 1955. Unos años más tarde, Ratzinger y Frings, en comentado escrito, confirmaban el diagnóstico de

tud humana, la autosuficiencia puede llevar al creyente lo mismo aquí que en cualquier otro caso a una creciente desconsideración y ulterior olvido de la Providencia; pero para el papa se trataba este de un caso en que el mismo estado de cosas de la época, en particular en las sociedades más desarrolladas, favorecía esta actitud de un modo estructural y no únicamente a nivel personal. Este facilitación es lo que transformaba a esta circunstancia en un importante riesgo.

Varios años antes, el papa ya había previsto este problema, advirtiendo que podía producirse sobre todo entre los jóvenes, más susceptibles de ser «deslumbrados» por las maravillas de los nuevos inventos y avances. A este problema, Pío XII asocia otro riesgo propio de la época, muy unido al anterior: «el de perder de vista lo que es espiritual, suprasensible e interior, de lo que es religioso, sobrenatural y eterno»[15]. En efecto, tanto el caso de la autosuficiencia y desconsideración del pasado, como el del olvido y desinterés por lo bienes superiores del espíritu, tienen en común aquel deslumbramiento que insta a permanecer en las apariencias. Ambos suponen además aquel estado de *diversión* de la persona –

la aparente "inutilidad" de la religión, a causa de la "fe" en la ciencia y la técnica: «Una de las consecuencias más sorprendentes que resultaron de la marcha triunfal de la técnica es lo que podría llamarse fe o creencia de las masas en la ciencia (…). [El hombre] lo espera todo de la ciencia, incluso la solución a sus necesidades humanas más profundas acerca de las cuales había pedido hasta ahora consejo a la religión. La promesa de Comte de que la física social, es decir, el tratamiento científico del fenómeno humano, sería exactamente tan positivo como todas las ciencias exactas, tiene repercusiones ocultas y está (consciente o inconscientemente) como trasfondo intelectual de muchos sucesos». Ratzinger, Joseph, y Frings, Joseph, «El concilio frente al pensamiento moderno», *Revista Humanitas,* 70, Santiago de Chile, 2013.

15. *Alocución a grupos italianos del Renacimiento Cristiano,* 22 de enero de 1947. También en *Alocución a los jóvenes de Acción Católica masculina de Italia,* 12 de septiembre de 1948.

en el sentido al que Pascal le daba a este vocablo–, que, a la larga, le puede hacer perder la necesaria perspectiva vital desde la cual sea posible llevar adelante una vida más o menos asentada en la realidad y en la propia naturaleza humana. Como por esos mismos años expresó con acierto el filósofo chileno Arturo Piga, «la era tecnológica priva al hombre de su propio pensamiento, tanto como le robustece la creencia de ser él quien ha forjado el mundo». La técnica, agrega Piga siguiendo a Nietzsche, «distrae al hombre de sus dolores, gracias al carácter regular, automático, estereotipado que posee, hasta el punto de hacerlo olvidarse de sí mismo y dejándolo ajeno a su mundo interior»[16].

Así, la ansiedad surgiría paradójicamente de la confianza en los nuevos inventos y descubrimientos, del deslumbramiento y *diversión* que tienden a provocar. En realidad, esta ansiedad vital no es incompatible con un estado de cosas aparentemente estable y de creciente bienestar, porque ciertamente puede operar en nivel inconsciente, y probablemente con mayor intensidad cuando existe holgura de bienes materiales. De esta manera, se suscitaría una incertidumbre espiritual que llegaría a manifestarse una vez que hubiesen sido superadas las incertidumbres vinculadas con las necesidades básicas. En otras palabras, el sentimiento de omnipotencia que otorga la ciencia y la tecnología, junto con la ilusión de seguridad que provoca no será capaz, a la larga de aplacar la ansiedad y virtual del espíritu humano, pues este, como tan in-

---

16. Arturo PIGA (1898-1987), *Nuevo humanismo y tecnocracia*, Ediciones y Publicaciones Españolas, S.A., Madrid 1963, p. 85. Una idea semejante propone el filósofo e historiador Erich KAHLER: «Cuanto más se ha ido abarrotando la conciencia de la gente con "lo provechoso", con lo que no es más que prácticamente útil y ventajoso, más se han ido desalojando de la vida real los valores más humanos, para convertirlos en tópicos de los sermones dominicales y de los discursos conmemorativos». *La torre y el abismo*, Buenos Aires, Compañía General Fabril Editora, 1959, p. 211.

sistentemente lo ha afirmado tanto la filosofía clásica como la fe cristiana, no podrá jamás saciarse mediante bienes finitos[17]. Así, ocultamente, la ansiedad acaba en temor, justo cuando el poder humano se presentaba potencialmente como capaz de acabar con él, y el hombre temerá al mundo, dice el pontífice, «más que nunca, sobre todo donde Dios no vive verdaderamente en mentes y corazones». En verdad no debiese extrañar la existencia de este temor subyacente a la celebración por parte del hombre de su propio poder alcanzado: si el mismo Dios, el Autor del mundo, el «Todopoderoso, Espíritu absoluto, sabio y fuente de todo orden, armonía, bondad y belleza», no es reputado como Creador ni se le percibe como misteriosamente presente tras lo creado, no será posible ni concebir ni relacionarse con el mundo sin que se halle viva la posibilidad de que este, a causa del mismo progreso, se vuelva contra el hombre[18]. En otras palabras, el mundo no será ni un

---

17. Denis de ROUGEMONT, atendiendo a las tendencias que parecían imponerse ya durante la década del 60, describe certeramente este problema: «Ernst Jünger —comienza diciendo el filósofo suizo— ha visto claramente que la técnica nos inclina a una moral nihilista, pues su consigna es la de una acción "sin causa ni razón", sin propósito alguno (…). El objetivo práctico consiste en retener el poder, o en dominar el mercado». Y más adelante, concluye: «El olvido de los fines últimos no es más que una inmensa y reveladora caída; delata la ansiedad sobre las perspectivas de intoxicación del ocio, que nos harán enfrentar de modo inmediatamente concreto al gran problema de los fines por los cuales estamos aquí abajo». *La aventura occidental del hombre*, Buenos Aires, Editorial Sur, 1968, p. 149.

18. *Radiomensaje de Navidad*, 22 de diciembre de 1957. Vale revisar el complemento a esta idea que aparece en el mismo discurso, y expresada de modo penetrante y elocuente: «Apartado del orden externo y de toda armonía en el mundo, debe elegir una vida, que no es más que una preocupación continua por su existencia y como camino a la muerte, aunque revestida de un cierto orgullo afectado de su naturaleza finita. El hombre moderno, que no se siente esencialmente ligado a lo eterno, cae en la adoración de lo finito. (…). Pero esta es una reproducción falsa de la realidad, que puede engañar, pero no satisfacer

hogar ni un misterio por desentrañar, sino que un gran problema a resolver y que, hasta que no se le someta, seguirá siendo de un modo u otro, un *enemigo del hombre*.

Se está aquí quizás en presencia de uno de los mayores riesgos de la era tecnológica: el que sus propios frutos lleguen a nublar el carácter creatural del hombre, quedando así impedida la interrogante por el sentido de la existencia. En otras palabras, se trata de la anulación de la pregunta por "el puesto del hombre en el cosmos", según la expresión de Max Scheler, y de la relación que el hombre ha de establecer con el Creador. «El hombre de la "segunda revolución técnica" –sentenció alguna vez Pío XII– no puede rechazar la llamada de Dios sin exacerbar la contradicción vital y sus consecuencias. La invitación a la verdad y la promesa de "paz en la tierra" también se aplican a él»[19].

En este punto, cabe preguntarse por la actitud que habrían de tener los cristianos comprometidos ante los graves riesgos sociales y espirituales que mostraba la época, y por el papel que pudiesen estar llamados a representar. No podía esperarse de Pío XII sino el sano realismo característico de la Iglesia: ni el pesimismo sistemático ni el optimismo gratuito puede caracterizar al cristiano, explica el papa. Lo primero con lo que él podrá cooperar el, es a que el hombre llegue a comprender las dimensiones reales de su propio poder, tanto en sus límites como en sus posibilidades, labor a la que precisamente quiso brindarse Pío XII. Pero para comprender esto, a su vez, se requiere antes hacerse una idea adecuada de la na-

la sed de verdad y aspiraciones íntimas. Si los hombres quieren la satisfacción de estos, deben ir a Belén, donde el Verbo eterno hecho carne habitó entre nosotros, para enseñarnos que toda obra humana debe sacar de lo eterno toda su dirección, toda su productividad y seguridad. Si esencia misma del hombre es la imagen de Dios, su operar debe ser conforme a Él, pues como se ha enseñado sabiamente, *operari sequitur ese*».

19. *Radiomensaje de Navidad*, 23 de diciembre 1956.

turaleza humana, de aquel "lugar en el cosmos", que es justamente la pregunta que el hombre contemporáneo ha dejado de lado. Y el creyente, continúa el papa, en la medida en que mantiene «la mente libre y abierta a toda posible grandeza», avanza con mayor rapidez a penetrar en la verdad de la naturaleza humana y a aceptarla en toda su amplitud. Para conseguirlo, concluye, «el cristiano no tiene más que inclinarse hasta la cuna de Belén»[20].

También habrá de esforzarse el cristiano en mostrar al hombre contemporáneo, al de la «segunda ʹrevolución técnica», que la religión no es un peso del que haya que liberarse y que, bien mirada, no representa obstáculo alguno para superar las contradicciones del momento, y que más bien es a través de ella que estas pueden realmente resolverse. Y más aún, es propio de la religión cristiana, afirma el papa, «poner las contradicciones sobre aquella luz que separa lo verdadero de lo falso, y que ofrece a cuantos sufren el único camino para superar los golpes de la vida»[21].

De todo lo anterior, al pontífice le surge de un modo natural la pregunta –que formuló con ocasión del *Radiomensaje de Navidad* de 1955– de si el hombre contemporáneo estará todavía dispuesto a «dejarse cautivar por tal grandeza sobrenatural (del Evangelio) y penetrarse de su alegría íntima»[22]. Esto se hará particularmente difícil en la misma proporción en que aumente el poder que se

---

20. *Radiomensaje de Navidad*, 23 de diciembre 1956. En la Navidad siguiente, volvía el papa sobre la misma idea: «Ha llegado el momento de llevar la admiración del hombre moderno hacia sí mismo en las proporciones adecuadas. Templando con sabia moderación la sensación de casi embriaguez que despiertan las conquistas modernas de la tecnología, conviene persuadir a los admiradores del *homo faber* de que permanecer con encanto y en gesto de adoración ante la cuna del Niño Dios no demoraría su correr por los caminos del progreso, pero lo coronaría con la plenitud del *homo sapiens*», *Radiomensaje de Navidad*, 22 de diciembre 1957.

21. *Radiomensaje de Navidad*, 23 de diciembre de 1956.

22. *Radiomensaje de Navidad*, 23 de diciembre de 1955.

haya alcanzado. Se podría graficar este punto imaginando a la humanidad actual que, habiendo ya oído lo que se le ofrece en la predicación del Evangelio, respondiese a ella sencillamente mostrando ufana cada uno de sus logros, como queriendo expresar el carácter superfluo de lo que se le estuviese comunicando, del mismo modo en que un hombre rico que anteriormente hubiese vivido en la miseria despreciaría una limosna. Como lo describe Pío XII, se trata de un hombre que

> se inclina a medir su estatura desde la del poder de sus herramientas, sus organizaciones, sus armas, la precisión de sus cálculos, el número de sus productos, la distancia donde puede alcanzar su palabra, su mirada, su influencia; este hombre que ahora habla con orgullo de una época de bienestar fácil, como si estuviera a su alcance; quien, tan seguro de sí mismo y de su futuro, se atreve a todo, impulsado por el atrevimiento incontenible de arrebatar su último secreto de la naturaleza, de doblar su fuerza a su voluntad, ansioso por penetrar con su propia presencia física incluso en espacios interplanetarios[23].

Como se ha insinuado más de una vez, detrás de estos riesgos se oculta implícita la mentalidad tecnológica propiamente tal que, basada en una manera específica de mirar el mundo, empujaba a las realidades concretas de la época en una dirección determinada y acorde con ella.

---

23. *Radiomensaje de Navidad*, 23 de diciembre de 1955.

2. Fundamento teórico de la razón instrumental y las características principales de la "mentalidad tecnológica"

2.1. La mentalidad tecnológica como error antropológico

Habiendo revisado los riesgos que Pío XII distingue como los propios de la era de la técnica corresponde ahora en esta última parte revisar la acabada reflexión y análisis del pontífice acerca de la mentalidad tecnológica en sí misma considerada. Como se hizo notar, no es acertado identificar sin más la mentalidad con la era tecnológica, pero es fácil de ver cuán unida está la primera a la segunda, y en qué medida aquella había llegado a ser en esos tiempos como una fuerza motriz perfectamente reconocible, que operaba en los niveles profundos de la cultura y que, bien mirada, parecía estar canalizando el dinamismo de la época más que cualquier otro factor.

Al considerar globalmente todos estos riesgos, surge naturalmente la pregunta de si sería realmente posible "salvar" una era de la técnica en su conjunto o si, por el contrario, al encontrarse ella de tal modo organizada y penetrada de la mentalidad tecnológica, era ya a esas alturas estructural y esencialmente incompatible con los principios fundamentales de la fe cristiana.

Como veremos a continuación, la mentalidad tecnológica fue denunciada y condenada por el pontífice como una visión intrínsecamente contraria a la fe, de lo que se seguiría que, en la medida en que sus principios fundamentales fuesen tenidos como sustento de la sociedad, la era tecnológica sería *per se* insalvable.

Podría realizarse una reflexión similar respecto de otros "principios culturales" capaces también de erigirse en verdaderas fuerzas motrices, como podrían serlo la mentalidad capitalista, el materialismo, la sociedad de consumo y el hedonismo, el laicismo o el relativismo moral; pero según el modo de ver de Pío XII, la noción de mentalidad tecnológica parecía capaz de abarcarlas a todas ellas. Será aquí donde podrá percibirse con claridad la potencialidad explicativa del concepto, no solo en términos históricos sino que también desde una perspectiva espiritual y social.

Será oportuno aquí acudir nuevamente a los filósofos italianos Sergio Cotta y Augusto del Noce, quienes formularon con lucidez el problema, y cuyas reflexiones sobre la mentalidad tecnológica nos servirán de preámbulo a las de nuestro pontífice.

Ninguno de ellos presenta dudas respecto de la existencia de –en sus palabras– una "civilización tecnológica", y coinciden también en que no corresponde identificarla sin más con un momento particular de evolución de la técnica que, por inédito y admirable que pudiera ser, en sí mismo no constituiría sino el desarrollo natural de una dimensión propia de la cultura. La civilización tecnológica supone más bien que aquel desarrollo quede *absolutizado*, transformándose así en su nota distintiva. Aquí, dice del Noce, ya se está en el terreno de la ideología, para el caso, de positivismo, que para el autor es inseparable de la civilización tecnológica[24].

Para Cotta, por su parte, es prácticamente infantil culpar a la tecnología en cuanto tal de los males propios de la civilización tecnológica, por cuanto que se está evidentemente ante un producto humano «que no viene de los extraterrestres». Para plantearse entonces correctamente el problema y poder juzgarlo con la mayor claridad posible, se hace necesario comprender «las razones de la tecnología», es decir, su posición actual en la cultura, e identificar los bienes que en concreto se persiguen a través de ella. De aquí que corresponda buscar y analizar el *ethos* detrás del fenómeno tecnológico y el camino por el cual pretende conducir a la socie-

---

24. DEL NOCE, *Agonía de la sociedad opulenta*, pp. 138 y 139.

dad[25]. Esta es, para Cotta, la «fuente» o «núcleo» de la «civilización tecnológica», su verdadero «agente», cuya naturaleza es menester desentrañar, pues «cuando se la acusa, en suma, no se tiene presente solo a un conjunto de *técnicas* operativas, sino a algo más»[26]. Este núcleo será el único factor al que, en definitiva, deberá achacársele las consecuencias derivadas de la civilización tecnológica. Esta mentalidad, prosigue el autor

> es un modo de ser y de pensar antes que de producir o de fabricar. Es la mentalidad que mira las cosas bajo el perfil exclusivo de lo *discontinuo*, la mentalidad que tiende a componerlas y descomponerlas, como lo hacía notar Bergson; y ello según el criterio dominante de la utilidad y del cálculo, como podemos seguir diciendo con Heidegger, y por tanto de la manipulación utilitaria[27].

No se está –continúa Cotta– ni ante un hecho productivo estrictamente técnico ni ante la sola actualización de una dimensión propiamente humana, como la economía o la política, y tampoco ante una "estructura" de carácter necesario, al modo como lo entendería el marxismo: se trata de un hecho plenamente humano, libre, electivo, y por lo tanto, "enjuiciable" (no pude aquí poner las comillas correctas, de cita de autor)[28].

También cabe preguntarse por otro importante aspecto de la cuestión que, además de del Noce, abordó también Martin Heide-

---

25. Sergio Cotta, *El hombre tolemáico*, pp. 51 y 52. Y un poco más adelante, dice el autor que, si se miran bien las cosas, es perfectamente razonable afirmar que el impulso de la edad tecnológica «se presenta realmente como un intento de eliminar las insuficiencias y los límites del pasado. Hoy en efecto, se tiende a que la opulencia y el poder dejen de ser privilegio de pocos y lleguen a ser posibilidades para todos», pp. 56 y 57.
26. Cotta, *El hombre tolemáico*, p. 57.
27. Cotta, *El hombre tolemáico*, p. 58.
28. Cotta, *El hombre tolemáico*, p. 58.

gger: la de si el proceso de perfeccionamiento técnico de la humanidad supondría o no la instauración de una civilización tecnológica, con su mentalidad correspondiente, en el mismo sentido en que lo habría atisbado Saint-Simon o Comte. Ya el mismo hecho de conjeturar, como lo hacen estos dos pensadores, de que un determinado "estado espiritual" de la humanidad se sigue necesariamente de la evolución cultural provocada por el desarrollo de la ciencia y de la tecnología, y que todo ello no sería si no el único despliegue posible de la historia del hombre, entraña una cosmovisión suficientemente delineada, y que, como tal, se la puede y debe contrastar con la de la fe cristiana. ¿Es en verdad irrevocable que la entera humanidad deba terminar abrazando la mentalidad tecnológica *porque* se ha alcanzado un determinado desarrollo científico? «¿O más bien —así lo plantea del Noce— el paso de la ciencia a la idea de la civilización tecnológica no se habrá dado por motivos que nada tienen que ver con la ciencia misma?»[29] Y en la misma dirección apuntaba la interrogante de Heidegger: si bien es verdad, dice el pensador alemán, que la esencia de la técnica consiste en ser lo *dis-puesto*, es decir, lo que se ofrece como instrumento para alguna acción ulterior, lo "destinable" también aquí deben ir comillas de citas de autor, no es cierto lo que se decía frecuentemente en su época y que se sigue afirmando en los tiempos presentes: «que la técnica es el destino de nuestra época; donde destino mienta: lo fatal de un curso inalterable»[30].

De modo primario, es evidente que la técnica es expresión de la naturaleza del hombre y que se encuentra ligada a su dimensión *homo laborans,* cuyo ejercicio es completamente necesario

---

29. Augusto DEL NOCE, *Agonía de la sociedad opulenta*, p. 135.

30. HEIDEGGER, «La pregunta por la técnica», en *Ciencia y técnica*, pp. 95 y 96. Véase nota 100.

para su perfeccionamiento integral[31]. Pero según la feliz expresión de Benedicto XVI, *la técnica nunca es solo técnica*[32]. También en este ámbito se despliega la espiritualidad del hombre y en él se juega además su desarrollo moral, porque están implicadas sus elecciones, como tal juzgables, y que provienen a su vez de unos determinados juicios acerca de la realidad, del mundo, del hombre y de Dios. En otras palabras, el trabajo humano, supuestas sus tendencias naturales, siempre estará ordenado a fines previamente establecidos por él y que, en como tales, implican integralmente al hombre. Él mismo es quien jerarquiza sus fines vitales y quien de modo más o menos consciente los orienta hacia un *fin final*. De aquí que pueda afirmarse que la neutralidad moral inicial de todo ejercicio proveniente de su capacidad *poiética*, esencialmente transeúnte, derivadamente pueda pervertirse *ab intrínseco*, a causa de lo que podría denominarse desorden *estructural*. Es por esta razón que los productos técnicos, a pesar de su carácter necesariamente instrumental –medial, por tanto– y extrínseco, se transformen en

---

31. Juan Pablo II, Carta Encíclica *Laborem Exercens*, 1981. El papa desarrolla exhaustivamente en este documento el tópico de la dignidad del trabajo, y por tanto del trabajador. y el lugar que tiene para el perfeccionamiento moral y espiritual del hombre. Propone incluso la necesidad de desarrollar una «espiritualidad del trabajo», resaltando además el papel que este juega en el plan salvífico de Dios, 24.

32. Benedicto XVI, Carta Encíclica *Caritas in Veritate*, 2009. Merece revisarse el párrafo completo, en el que refiere además a *Laborem Exercens*: «La técnica es el aspecto objetivo del actuar humano, cuyo origen y razón de ser está en el elemento subjetivo: el hombre que trabaja. Por eso, la técnica nunca es sólo técnica. Manifiesta quién es el hombre y cuáles son sus aspiraciones de desarrollo, expresa la tensión del ánimo humano hacia la superación gradual de ciertos condicionamientos materiales. La técnica, por lo tanto, se inserta en el mandato de cultivar y custodiar la tierra (cf. *Gn* 2,15), que Dios ha confiado al hombre, y se orienta a reforzar esa alianza entre ser humano y medio ambiente que debe reflejar el amor creador de Dios», 69. Cfr. *Laborem Exercens*, 5.

moralmente reprobables *en su mismo contenido* y no solo por el desorden del fin al que los hombres lo dirigen[33].

Planteado el problema en estos términos, puede apreciarse mejor la mirada de Pío XII sobre la cuestión. No debiera extrañar que en sus reflexiones no se halle una "formalización" del problema, como cabría esperarlo si se estuviese realizándose desde la perspectiva de alguna disciplina teórica en particular, lo cual sería ajeno a lo propio de su función. Pero lo que se encuentra es algo mucho mayor: se trata de un profundo análisis realizado desde la perspectiva más universal y sintética posible, que si bien tiene su último fundamento en la Revelación, se proyecta fluidamente hacia una serie de saberes de orden natural, como la antropología, la ética, la historia, la sociología y la psicología. Se verifica aquí nuevamente el esquema propio de la DSI al que se aludió anteriormente, situada "en el cruce de la vida y de la conciencia cristiana con las situaciones del mundo"[34]. En otras palabras, se trata de la única perspectiva lo suficientemente amplia capaz de comprender de manera unitaria el multidimensional problema que la tecnología le plantea al hombre contemporáneo, y de sugerir luego caminos de solución o superación rectamente fundados[35].

33. Cfr. José Manuel CAAMAÑO, «Pensar el paradigma tecnocrático», en *La tecnocracia*, ed. José Manuel CAAMAÑO, p. 37.

34. JUAN PABLO II, *Centesimus annus*, 59. Cfr. *Compendio de Doctrina Social Católica*, 73.

35. Como no podía ser de otra manera, esta idea que atraviesa no solo el Magisterio social de Pío XII si no que el de todos los pontífices; pero conviene revisar un lugar al menos en que el punto se halle expuesto con claridad, como es el caso del siguiente pasaje tomado del *Radiomensaje de Navidad* de 1955: «La experiencia de hoy muestra precisamente que el olvido o el descuido de la presencia de Cristo en el mundo ha provocado la sensación de desconcierto y la falta de seguridad y estabilidad propia de la era técnica. El olvido de Cristo también ha llevado a descuidar la realidad de la naturaleza humana, puesta por Dios como fundamento de la convivencia en el espacio y el tiempo. ¿En qué

En primer lugar, para Pío XII la mentalidad tecnológica consiste de un espíritu o creencia que, más o menos solapadamente, ha acabado ocupando de un modo u otro el papel de una religión, en el sentido amplio del término. Al menos, y por más ocultos que se encuentren sus principios, se presenta como una visión omniabarcante de la realidad, capaz de explicar el curso de la historia, de mostrar un horizonte al futuro y de otorgar criterios fundamentales de acción. Con todo, carece del carácter explícito propio de las llamadas "religiones seculares", que parecían haber perdido buena parte de su prestigio, tanto como opciones políticas que en cuanto cosmovisiones "totales", es decir, "religiosas". Y podría aun conjeturarse que en una gran medida toda la reflexión de Pío XII sobre la mentalidad tecnológica se originó en esta percepción. Esto podría constatarse quizás en el *Radiomensaje de Navidad* de 1953, el discurso nuclear del magisterio del pontífice sobre este tópico:

dirección, entonces, se debe buscar la seguridad y la solidez íntima de la convivencia, si no conduciendo las mentes a preservar y despertar los principios de la verdadera naturaleza humana queridos por Dios? Es decir, hay un orden natural, incluso si sus formas cambian con los desarrollos históricos y sociales; pero las líneas esenciales eran y siguen siendo las mismas: la familia y la propiedad, como base de la provisión personal; luego, como factores complementarios de seguridad, las autoridades locales y los sindicatos profesionales, y finalmente el Estado». Y más abajo, en el mismo documento, la idea queda completamente explicitada: «Ahora bien, los cristianos, a quienes aquí nos dirigimos más particularmente, deben saber mejor que otros que el Hijo de Dios hecho hombre es el único sostén sólido de la humanidad también en la vida social e histórica, y que él, asumiendo la naturaleza humana, tiene la dignidad confirmada como el fundamento y la regla de ese orden moral. Por tanto, es su oficio primordial hacer que la sociedad moderna vuelva en sus estructuras a las fuentes consagradas por la Palabra de Dios hecha carne. Si los cristianos descuidaran alguna vez este oficio suyo, dejando inerte, en la medida en que lo es para ellos, la fuerza ordenadora de la fe en la vida pública, cometerían una traición al Hombre-Dios, que apareció visible entre nosotros en la cuna de Belén. Y esto es digno de testimonio de la seriedad y el motivo profundo de la acción cristiana en el mundo».

Parece inconcuso que la técnica misma, llegada en nuestro siglo al apogeo de su esplendor y de su rendimiento, se convierte, por circunstancias de hecho, en un grave peligro espiritual. Ella parece comunicar al hombre moderno, postrado ante su altar, un sentimiento de autosuficiencia y de satisfacción de sus aspiraciones ilimitadas a conocer y poder. Con su empleo múltiple, con la confianza absoluta que inspira, con las inagotables posibilidades que promete, la técnica moderna abre al hombre contemporáneo una visión tan vasta, que para muchos llega a confundirse con el mismo infinito[36].

De este modo, arguye Pío XII, la técnica se transforma en un peligro espiritual precisamente cuando parece estar alcanzando su cenit, porque alimenta ella un sentimiento de cuasi omnipotencia y omnisapiencia, que aparenta abrir unas posibilidades de tal modo ilimitadas que ni los enormes fracasos humanos de la segunda mitad del siglo XX le hicieron perder al hombre occidental la confianza en sus capacidades. Y en esto advertía ya el papa que esta mentalidad es equiparable a una creencia o "espíritu", que se sustenta en una visión del mundo identificable, y a la que muchos adhieren de modo más o menos consciente. A esto es, dice el papa, a lo que suele designarse con el apelativo de «espíritu técnico»:

> ¿En qué consiste propiamente este espíritu? Consiste en que se considera como el más alto valor humano y de la vida, el lograr el mayor provecho de las fuerzas y de los elementos de la naturaleza; en que se toman como fin, con preferencia a todas las demás actividades humanas, los métodos técnicamente posibles de producción mecánica, y se ve en ellos la perfección de la cultura y de la felicidad terrenal[37].

Parecen estar aquí resumidos todos los errores de la mentalidad o espíritu técnico: la absolutización de un valor humano de orden

---

36. *Radiomensaje de Navidad,* 24 de diciembre de 1953.
37. *Radiomensaje de Navidad,* 24 de diciembre de 1953.

natural aunque secundario, como lo es el perfeccionamiento de su capacidad productivo por encima de la actividades teóricas y morales; una mirada parcial a la naturaleza en la que solo se le aprecia en su condición de medio, y no ya en cuanto ámbito apropiado para el crecimiento moral del hombre, como el lugar de encuentro con el Creador; y como derivado de las anteriores, el proponer por cumbre de la cultura y de la vida humana en este mundo el logro del mayor perfeccionamiento posible de la capacidad y técnica y de producción, es decir, a la suscitación de medios, relegando así crasamente las actividades humanas propiamente espirituales, sobre cuya primacía había existido siempre en la Cultura Occidental universal consenso. Por otra parte, los conceptos de "perfección de la cultura" y "felicidad terrenal" son conceptos que evidentemente refieren a realidades terminales, a "fines últimos", los únicos realmente capaces de operar como "principios de orden" en las sociedades humanas y de otorgar una unidad de sentido de vida en las personas concretas. Pero todo esto no sería posible si tales fines no estuviesen apoyados en una determinada cosmovisión, en el pleno sentido del término[38]. Y más aún, en este caso se trataría de una concepción no menos universalista que el fascismo o el comunismo o que la misma fe cristiana[39].

---

38. Esta misma idea se halla sintetizada en el siguiente párrafo del filósofo Francisco CANALS, expresada con la habitual profundidad de su autor: «Se puede concluir que, subyacente a este proyecto "fáustico", existe de modo más o menos explícito el deseo del hombre de que mediante la técnica y su propia capacidad productiva logre, en el marco del devenir temporal e histórico, una satisfacción absoluta a sus proyectos y anhelos», «El culto al corazón de Cristo ante la problemática humana de hoy», en *Cristiandad*, Barcelona, 467, 1970, pp. 3-15, p.10.

39. Si esto fuera efectivo, como juzgamos que es, el conocimiento de este espíritu o mentalidad técnica se transformaría en un factor clave para una interpretación profunda de los acontecimientos y para intentar una comprensión global del propio periodo histórico.

Un par de años después, en el *Radiomensaje de Navidad* de 1955, vuelve sobre la noción de "creencia", sin mayor desarrollo, pero de un modo preciso y con un giro nuevo. El tema central de este discurso fue "la seguridad" y la manera en que el mundo moderno la busca solo con sus propias fuerzas, no tomando ya en cuenta ni la voluntad ni la Providencia de Dios. Seguidamente, aborda la pretensión de autosuficiencia termina por el contrario aumentando la ansiedad, en la misma medida en que en ocasiones se ponía de manifiesto la magnitud de las dificultades y la distancia entre la realidad y las ambiciosas –y muchas de ellas imposibles– metas propuestas[40]. El mejoramiento de la calidad de vida y de la productividad que permite la técnica, dice Pío XII, «no son criterios que autoricen por sí mismos a afirmar que hay una mejora genuina en la vida económica de un pueblo», ámbito este último generalmente concebido como el más relevante. Y en este mejoramiento era precisamente en lo que Occidente ponía su fe, y entre otras razones, para derrotar al comunismo. Tal visión es unilateral, continúa el pontífice, y no ha de perderse de vista su carácter restringido de ver la realidad: se trata de una «creencia errónea que coloca la salvación en el proceso creciente de producción social», y que constituye una «superstición, quizás la única de nuestra época industrial racionalista», hasta el punto de llegar a estimar como imposibles nuevas crisis económicas. Y más aún, afirma agudamente el papa, se trata de una superstición que «ni siquiera es capaz de erigir un baluarte sólido contra el comunismo, porque es compartida tanto por el lado comunista, como por mu-

---

40. *Radiomensaje de Navidad,* 24 de diciembre de 1955. «La experiencia de hoy muestra precisamente que el olvido o el descuido de la presencia de Cristo en el mundo ha provocado la sensación de desconcierto y la falta de seguridad y estabilidad propia de la era técnica. El olvido de Cristo también llevó al descuido de la realidad de la naturaleza humana, puesta por Dios como fundamento de la convivencia en el espacio y el tiempo».

chos de los no comunistas. En esta creencia errónea, las dos partes se encuentran, estableciendo así una comprensión tácita tal, que induce a los seudorrealistas de Occidente al sueño de una posible coexistencia real»[41].

2.2. La razón instrumental como "recorte" epistemológico: verdadero lugar del saber científico y tecnológico

Revisada y valorada idea de mentalidad o espíritu tecnológico, concierne ahora revisar los juicios del papa respecto del fundamento espistemológico que ésta tiene en su base. Como se tecnológico, anteriormente en relación con un caso análogo, aunque no cabe esperar encontrarse en el magisterio de Pío XII con escritos sistemáticos sobre el tópico, no obsta para que el pontífice haya podido concebir una síntesis certera sobre el meollo en que consiste el problema, a saber, en el reduccionismo epistemológico en el que se fundamenta la mentalidad tecnológica y que, si bien no la causa directamente, la recubre de una de una racionalidad aparentemente científica e incontestable.

Es importante detenerse aquí el siguiente antecedente. Contemporáneamente a Pío XII, durante la década del 40 tuvo lugar una reflexión y teorización que llegaría a adquirir considerable notoriedad en las décadas siguientes, originada en una corriente de pensamiento alemana de talante marxista, la denominada Escuela de Frankfurt. La reflexión provino de tres de sus principales exponentes: Max Horkheimer, Theodore Adorno y Herbert Marcuse (grupo en el que hasta cierto punto también podría incluirse a Jürgen Habermas, si bien pertenece a la generación siguiente). Fue en el seno de esta Escuela en la que se desarrolló la visión "crítica" de la *razón instrumental*, y en la que precisamente se acuñó esta

---

41. *Radiomensaje de Navidad*, 24 de diciembre de 1955.

expresión, que llegaría luego a ser de uso corriente. En pocas palabras, la *razón instrumental* consistiría en la postura según la cual el uso fundamental de la razón humana es su carácter *medial,* y el modo más logrado de ejercerla lo constituye el modo sistemático posibilitado por la ciencia aplicada. Y que sea aplicada, claro está, supone que está puesta al servicio de fines distintos del saber mismo, por lo que en este sentido la razón instrumental es inseparable de una visión *utilitarista*, en el sentido amplio del término.

Como es sabido, el origen de este modo de pensar puede encontrarse ya en Francis Bacon y Descartes, es decir, hasta el momento en que muchos han considerado como el origen mismo de la modernidad. En síntesis, el fundamento primero de esta concepción del saber –y de la vida toda, por extensión– consiste en la idea de que la ciencia, para ser realmente tal, se circunscribe al conocimiento alcanzado a través del método experimental fundamentado en las matemáticas. La misma metafísica, tenida hasta entonces como la ciencia superior y más libre de todas, habría en adelante de llevarse a cabo o bien según el modo matemático, o según un empirismo cada vez más refractario a conceptualizaciones que trascendieran el ámbito de la experiencia. Este progresivo "vaciamiento" de la metafísica a la larga dio como resultado que, al promediar el siglo XIX, se la considerase universalmente concluida o "superada", probablemente con la única salvedad de círculos de filósofos católicos.

La aparición de la razón instrumental también debe considerarse en relación con el cambio en la valoración del papel de la *teoría* y de la actividad *teorética* propia del hombre. Podría llamarse a esto el "olvido teleológico" de la ciencia. Aunque este modo de ver estaba ya incubado desde el comienzo de la modernidad, a fines del siglo XIX llegó a ser prácticamente definitivo. De esta forma es como el sentido último de la búsqueda y la actividad misma del saber teórico acabó por desligarse completamente de aquel afán propio de la filosofía clásica de alcanzar un conocimiento por sí mismo, orientado a desentrañar el orden del universo y posibilitar su ulterior contemplación. Tanto para la filosofía clásica como para la tradición cristiana, se trata de una actividad que en sí misma es de naturaleza completamente espiritual, y que solo consecuentemente se dirige hacia fines prácticos. Pero ahora son la misma actividad y saber teóricos las que quedan sustancialmente orientadas hacia fines prácticos. En otras palabras, estos últimos fines se presentaron como la única y verdadera meta de la investigación científica[42]. Por su medio habría de incrementarse el dominio del hombre sobre la naturaleza, ampliando sus posibilidades de acción, al mismo tiempo en que disminuiría las miserias de la vida. En otras palabras, el valor de la *utilidad* se erigió paulatinamente en última meta de la ciencia, cuyo continuo perfeccionamiento haría posible el progreso sistemático de los pueblos. Seguidamente, a este progreso pronto se le terminaría viendo como el principio dinámico fundamental de la cultura. Durante el periodo ilustrado, esta visión fue ampliada a nuevas esferas del conocimiento que

42. Hans JONAS, considerando el punto ya desde el prisma del siglo XX, propone dos ideas importantes al respecto. En primer lugar, que fue modificado el *status* del *saber* en la «jerarquía del espíritu», vale decir, que ha sido olvidada –dice el autor– «la vieja y honorable separación entre "teoría y práctica". La aristocrática autosuficiencia de la búsqueda de la verdad por sí misma ha desaparecido. Se ha trocado nobleza por utilidad. En pocas palabras: el síndrome tecnológico ha producido una profunda *socialización* del campo teórico y lo ha puesto al servicio de las necesidades comunes». La segunda observación que realiza es que la técnica misma y el llamado *espíritu prometeico* que la lleva adelante, se han impuesto hasta tal grado que la incansable actividad tecnológica ha quedado revestida con la dignidad de uno de los más altos objetivos de la humanidad, vale decir, «el de elevar a fin lo que empezó siendo medio, y ver en él el verdadero destino de la humanidad». Aunque esta proposición no sea universalmente aceptada, dice Jonas, de todos modos «ejerce su hechizo sobre el espíritu moderno». *Técnica, medicina y ética. Sobre la práctica del principio de responsabilidad*, p. 24.

tradicionalmente no se contaban entre las ciencias, como la historia o la economía, y luego durante el siglo XIX aparecerían otras disciplinas propiamente nuevas, como la psicología experimental y la sociología[43].

Así, dos progresivos procesos teóricos llevados a cabo paralelamente durante el transcurso de los últimos tres siglos, el del descrédito de la metafísica y el de la profundización del carácter instrumental de la ciencia, finalmente desembocaron en lo que pudiera llamarse *modo positivo* de entender el saber humano, modo que no queda tan solo circunscrito al dominio de las ciencias sino que también a otros ámbitos de la vida humana[44]. En resumen, la ciencia primero y todo el resto del saber después, han acabado *fundamentalmente* orientados hacia fines prácticos. pero este proceso, además, termina por hacer incomprensible el concebir siquiera a las ciencias en vistas de un fin distinto al de la utilidad. Por añadidura, esto se ha llevado a cabo no solo en el plano teórico sino que también en el de la *praxis,* pues, al menos de hecho, terminó

---

43. Para ahondar sobre el tema del surgimiento de los nuevos saberes, el ya clásico estudio de Ernst Cassirer de 1932, *Filosofía de La Ilustración,* Madrid, Fondo de Cultura Económica, 1993.

44. El filósofo Leonardo Polo capta en nuestra opinión de modo cabal la cuestión de fondo respecto del rebajamiento y posterior descrédito de la metafísica, idea que, en distintos registros, fue constantemente tratada por Pío XII. En su origen, afirma Polo, la modernidad «no osa negar que sería maravilloso apuntar a lo supremo, pero no hay tal camino. El desaprovechamiento de las virtualidades de la razón no consistió en no apreciarlas, sino en sostener que no eran realizables», y por eso es que la Edad Moderna se inaugura con una drástica contracción del horizonte cognoscitivo del hombre. En su origen, prosigue este filósofo, «hay una mentira: la falsa postulación de la incapacidad humana de Dios: la mentira de declarar ilusorio lo más verdadero del hombre (…). La Edad Moderna es, pues, en su misma arrancada, la renuncia a lo que convendremos en llamar optimación humana. Si Dios queda fuera de nuestro alcance, ¿qué resta sino cada uno y el mundo?», Leonardo Polo, *Presente y futuro el hombre,* Madrid, Rialp, 1993, p. 96.

prevaleciendo una visión ética utilitarista, propuesta originalmente en su momento por un filósofo totalmente de segundo orden como Jeremy Bentham[45].

De esta manera se acabó por constituir algo así como una "razón instrumental pura" o "total". Se trata esta de la degradación final de la razón, de la indiferencia total ante la verdad en cuanto tal y de su definitivo olvido como bien propiamente humano. Y es precisamente este estado de cosas el que acabó por transformarse en el soporte de una mentalidad que, una vez concluida la Segunda Guerra Mundial, se vio extendida a tal punto que pudiese ya concebirse la existencia de una "era tecnológica" o "de la técnica". Es este estado de cosas lo que mejor explica la aparición generalizada de una "crítica de la razón instrumental", para utilizar el título de la obra de Max Horkheimer, una de las más representativas del tema[46], que provino desde diversas tradiciones de pensamiento, desde la Escuela de Frankfurt a la Iglesia Católica.

Tal es, en breve síntesis, el contexto epistemológico en que se inserta la reflexión del papa Pío XII sobre la técnica. Este momento histórico podría considerarse como un último estadio de la instrumentalización total de la razón en cuanto facultad humana y, también, de lo motivos vitales propuestos por la cultura a los

---

45. Las ideas fundamentales de su visión, en *Los principios de la moral y la legislación*, publicada en 1780.

46. Max Horkheimer, *Crítica de la razón instrumental*, Trotta, Madrid, 2012. Aunque volveremos sobre el problema de la reducción de la posibilidad de verdad a su dimensión fáctica, cabe aquí reproducir el siguiente párrafo de este filósofo alemán, en el que la cuestión se ve explicitada con entera claridad: «El significado [de los conceptos] es desbancado por la función o el efecto en el mundo de las cosas y de los acontecimientos. Tan pronto como las palabras no son clara y abiertamente usadas para sopesar probabilidades técnicamente relevantes, o están al servicio de otros fines prácticos, entre los que figura el propio solaz, corren el peligro de resultar sospechosas de no ser otra cosa que cháchara vacía; porque la verdad no es un fin en sí misma», p. 59.

hombres. Fácilmente se percibe el peligroso germen de deshumanización que conllevaba una situación de este tipo, ante el cual el pontífice no podía permanecer indiferente.

No es usual encontrar en el magisterio de Pío XII lugares en que, habiendo alertado sobre los peligros de la técnica y de su mentalidad propia, no afirme a continuación la necesidad que de ella tiene el hombre, gracias a la cual sobrevive y hace habitable el mundo, elevándolo a su nivel. Pero al mismo tiempo la técnica es medio y expresión de su propio desarrollo. En no pocas ocasiones, el pontífice añade que, mediante el recto ejercicio de sus facultades técnicas, el hombre puede orientarse continuamente hacia Dios[47].

47. El desarrollo de Pío XII sobre la técnica en su sentido positivo no será abordado en el presente trabajo, pero constituiría una continuación natural del mismo. En aquellos pasajes se deja ver una clara síntesis antropológica, propia de la fe cristiana, en la que todas las dimensiones humanas se encuentran integradas jerárquicamente en relación con el fin último del hombre. Sin ir más lejos, el *Radiomensaje de Navidad* del 22 de diciembre de 1957, dedicado fundamentalmente a la armonía que debe existir entre el Creador, la creación, y la acción que el hombre ejerce sobre ella. Reproducimos aquí uno de los muchos pasajes que se pueden ahí encontrar al respecto: «Por tanto, la obra del hombre en la tierra no está condenada a la discordia, sino destinada a manifestar la eterna armonía de Dios. De esta manera, el Verbo eterno encarnado libera al hombre de la servidumbre, lo salva de la involución estéril en sí mismo, restaura la esperanza en los caminos del progreso». Y añadimos otro, pronunciando ante un público muy particular y de un modo más sencillo, si bien muy bien logrado: «Hoy en día hay una técnica en cada especialización deportiva, que no solo facilita el logro de buenos resultados, sino que va donde el amateurismo, incluso si está animado por la buena voluntad, nunca puede llegar. Sin embargo, el uso de la técnica, aunque es un elemento necesario especialmente en competiciones, no es ni todo ni lo mejor. La técnica, en el deporte, como en las artes, no debe ser un obstáculo para el despliegue de fuerzas espirituales, como intuición, voluntad, sensibilidad, coraje, tenacidad, que son, después de todo, el verdadero secreto de cualquier éxito feliz. No basta el sujeto fisiológicamente perfecto, ni la observación escrupulosa de todos los estándares técnicos acumulados por las experiencias de los maestros, no son suficientes para obtener una victoria digna de admiración y

Y en el mismo sentido se expresa en relación con la ciencia: para salvaguardar debidamente sus fueros y la posición eminente que posee para la vida humana, debe ella estar referida a una instancia superior del saber, que le ha de otorgar su verdadero sentido. Del mismo modo, la aplicación del saber científico y aun su misma búsqueda ha de venir siempre acompañada y precedida en importancia de los valores morales y espirituales.

Sorprende de entrada la manera en que el papa lleva al extremo la salvaguarda de la actividad propiamente científica y el sentido último que posee para el desarrollo del hombre y de la sociedad. De ningún modo, por tanto, queda indebidamente recortada una actividad humana evidentemente lícita, y particularmente importante además para el conocimiento de la realidad. «El hombre –señala el papa–, está obligado por la naturaleza a progresar sin cesar. Para él, detenerse es caer. Debe avanzar, y lo hace hacia horizontes siempre nuevos, hacia síntesis cada vez más vastas. Está buscando la explicación fundamental, que hará que todas las cosas vuelvan a la unidad»[48].

excitación. El tecnicismo frío no solo impide el logro de los bienes espirituales que propone el deporte, sino que, cuando también conduce a la victoria, no satisface ni a quienes lo ejercen ni a quienes ayudan a disfrutarlo. Esto significa las multitudes de los estadios, cuando, a veces, lamentan que los equipos competidores no jueguen con el corazón, ya que, en general, cuando se trata de actividad humana, el punto de partida y llegada siempre debe ser el elemento psíquico; en otras palabras, el espíritu debe predominar sobre la técnica. Use la técnica, pero haga prevalecer el espíritu; Esta será la norma fundamental de su Centro, en la educación de los jóvenes en el deporte», *Alocución a los gerentes y asociados del Centro Deportivo italiano*, 9 de octubre de 1955.

48. *A los participantes en XVIIº Congreso Internacional de la Industria del Gas*, 28 de septiembre de 1958. La misma idea se encuentra también desarrollada en este otro pasaje, dirigido al mundo de la medicina: «El conocimiento científico tiene su valor propio en el dominio de la ciencia médica –no menos que en otros dominios científicos, como, por ejemplo, en física, química, cosmología, psicología–, valor que ciertamente no hay que minimizar y que se

Pero luego, en el mismo lugar, completa de modo admirable la explicación del "edificio del saber", subordinando aquel mandato a otro de mayor jerarquía, a su verdadera cúspide que es la de la causa última de todo el cosmos y el propio fin último del hombre:

> Sin embargo, esta explicación no se puede encontrar únicamente en el ámbito científico. Es de otro orden. La ciencia solo define las relaciones de causa y efecto entre fenómenos, pero la razón última de todo se le escapa. Y el espíritu humano, si es sincero, entiende por qué: no es él quien hizo el mundo. Se siente más grande que el mundo, lo domina con su inteligencia, pero no es el autor, ni se hizo a sí mismo en existencia. Así que la búsqueda del científico normalmente termina en la adoración ante Él, de quien depende en la parte más íntima de su ser y cuyas grandiosas obras le revelan "el poder y la divinidad eternos" (*Rom* 1, 20). Que esta verdad esencial ilumine y fortalezca sus corazones en medio de su trabajo diario. Que ella también las transforme a sus propios ojos y les dé su verdadero valor, porque su deber en la organización del mundo no es construir una ciudad terrena definitiva, sino facilitarle a usted y a sus contemporáneos la investigación y el descubrimiento que solo cuenta: el de Dios[49].

Sobre la necesaria subordinación de la ciencia y de la tecnología a los valores morales y espirituales, Pío XII señala que su

---

impone con absoluta independencia de la utilidad y de la utilización de los conocimientos adquiridos. Así, el conocimiento como tal y la plenitud del conocimiento de toda verdad no hacen surgir ninguna objeción moral. En virtud del mismo principio, la investigación y la adquisición de la verdad para llegar a un conocimiento y a una comprensión nueva, más vasta y más profunda de esta misma verdad, están de suyo de acuerdo con el orden moral». *Discurso a los participantes en el I Congreso Internacional de Histopatología del Sistema Nervioso*, 13 de septiembre de 1952.

    49. *A los participantes en XVIIº Congreso Internacional de la Industria del Gas*, 28 de septiembre de 1958.

superioridad no solo se circunscribe a la aplicación concreta de los descubrimientos e invenciones, sino que también al método con el que a ellos se arriba. La aparente contradicción de esta aseveración con la idea anterior de que el hombre tiene un mandato natural por el cual «está obligado a progresar sin cesar», se explica tan solo porque a ese mandato le antecede otro más universal, conectado más inmediatamente con el bien integral del hombre. La ciencia no es, recuerda el papa, el valor supremo al que todos los otros valores particulares deban someterse y del cual reciban todos ellos su última razón de ser. Por extensión, también al método habrá de aplicársele el mismo criterio, aun cuando el conocimiento sea honestamente buscado[50].

50. *Alocución a los participantes en el Primer Congreso Internacional de Histopatología del sistema nervioso*, 13 de septiembre de 1952. Y los mismos criterios se han de aplicar a la ciencia médica que, aun persiguiendo fines en sí mismo buenos, no podrá transgredir los límites de otros valores superiores, entre los cuales el pontífice nombra a las relaciones de confianza entre médico y paciente, el derecho personal del paciente a la vida física y espiritual, y a su integridad psíquica o moral. En un sentido global, toda la reflexión aquí expuesta se encuentra expresada casi idénticamente por el papa FRANCISCO en la encíclica *Laudato si*, en la que se agrega tan solo algunas perspectivas propias de estos tiempos: «Quiero recoger aquí –comienza Francisco– la equilibrada posición de san Juan Pablo II, quien resaltaba los beneficios de los adelantos científicos y tecnológicos, que "manifiestan cuán noble es la vocación del hombre a participar responsablemente en la acción creadora de Dios", pero al mismo tiempo recordaba que "toda intervención en un área del ecosistema debe considerar sus consecuencias en otras áreas". (Cfr. *Mensaje para la Jornada Mundial de la Paz*, 1990, 6.). Expresaba que la Iglesia valora el aporte "del estudio y de las aplicaciones de la biología molecular, completada con otras disciplinas, como la genética, y su aplicación tecnológica en la agricultura y en la industria" (Cfr. *Discurso a la Pontificia Academia de las Ciencias*, 3 octubre 1981, 3: *L'Osservatore Romano*, ed. semanal en lengua española, 8 noviembre 1981, p.7), aunque también decía que esto no debe dar lugar a una «indiscriminada manipulación genética" (Cfr. *Mensaje para la Jornada Mundial de la Paz* 1990) que ignore los efectos negativos de estas intervenciones. *No es posible frenar la*

2.3. *La razón instrumental como reduccionismo materialista*

Huelga precisar cuán contraria es para la fe cristiana la filosofía materialista. Para la época de Pío XII, la necesidad de oposición y refutación de esta visión no era nueva: ya fuese contra la inmanencia del socialismo y a su cerrazón a los valores superiores del espíritu[51], o derechamente contra el ateísmo y cientificismo[52], la fundamentación materialista del ser humano había sido señalada por el magisterio de la Iglesia como un error de enormes consecuencias, y la habían denunciado y combatido numerosos apologistas católicos en diversas épocas.

creatividad humana. Si no se puede prohibir a un artista el despliegue de su capacidad creadora, tampoco se puede inhabilitar a quienes tienen especiales dones para el desarrollo científico y tecnológico, cuyas capacidades han sido donadas por Dios para el servicio a los demás. Al mismo tiempo, no pueden dejar de replantearse los objetivos, los efectos, el contexto y los límites éticos de esa actividad humana que es una forma de poder con altos riesgos», 131.
    51. Cfr. León XIII, *Quod apostolici muneris,* 28 de diciembre de 1878, en general; en *Rerum Novarum,* 15 de mayo de 1891, indirectamente en varias partes del texto; en *Quadragesimo anno,* 15 de mayo de 1931, con claridad al menos en los siguientes tres puntos: «Cuán grande y declarado enemigo de la santa Iglesia y de Dios sea, demasiado, ¡oh dolor!, demasiado lo aprueban los hechos y es de todos conocido», 112; «El hombre, en efecto, dotado de naturaleza social según la doctrina cristiana, es colocado en la tierra para que, viviendo en sociedad y bajo una autoridad ordenada por Dios (cf. *Rom* 13,1), cultive y desarrolle plenamente todas sus facultades para alabanza y gloria del Creador y, desempeñando fielmente los deberes de su profesión o de cualquiera vocación que sea la suya, logre para sí juntamente la felicidad temporal y la eterna. El socialismo, en cambio, ignorante y despreocupado en absoluto de este sublime fin tanto del hombre como de la sociedad, pretende que la sociedad humana ha sido instituida exclusivamente para el bien terreno», 118; «Hemos examinado la economía actual y la hemos encontrado plagada de vicios gravísimos. Otra vez hemos llamado a juicio también al comunismo y al socialismo, y hemos visto que todas sus formas, aun las más moderadas, andan muy lejos de los preceptos evangélicos», 128.
    52. Por ejemplo, Pío X en *Pascendi Dominici Gregis,* 8 de septiembre de 1907.

En tiempos de Pío XII, la visión materialista de la existencia continuaba plenamente vigente. Políticamente, el comunismo soviético se vio fortalecido al término de la Segunda Guerra Mundial, llegando a constituirse en una superpotencia, que arrastraría luego a buena parte de las repúblicas de Europa del Este. Si se agrega a esto el establecimiento del gobierno comunista de Mao Tsé Tung en China, podrá comprenderse la importancia adquirida por esta ideología, sin perjuicio de que, como se mencionó, se le empezaba a percibir en Occidente como una visión agotada y contraria al desarrollo humano y de las sociedades. Otra tendencia materialista y atea de la época de Pío XII lo constituyó al existencialismo de Sartre y de Camus, de gran influencia para la cultura de la posguerra, y han de contarse también otras corrientes filosóficas tales como el empirismo de Bertrand Russell y la de los continuadores del freudismo.

Pero a pesar de lo anterior, el enemigo principal que pretendió combatir Pío XII fue el materialismo implícito propio de la mentalidad tecnológica. Así como esta última es impensable sin el sustento de una racionalidad instrumental, tampoco esta razón podría engendrarse sin un sustrato materialista, ya fuese solapado o explícito. O para expresarlo en otras palabras, por arrancar de una visión materialista, todo uso teórico de la razón y, por extensión, todo uso moral, acabará más temprano que tarde en razón instrumental, por lo que la mentalidad tecnológica no será sino una última derivación de tales principios. El ateísmo estaría así en el origen teórico de esta mentalidad, pues es inseparable del materialismo. Pero también podría concebirse en sentido inverso: al establecerse un ambiente cultural en el que prima la mentalidad tecnológica, el materialismo termina siendo algo así como una "conclusión vital" más o menos consciente, mientras que la razón instrumental se convertiría en un último recurso del cual asirse para concebir la vida con un mínimo de sentido.

De este modo, la razón instrumental, materialista en su raíz, constituye un "recorte" de la razón también en un sentido existencial, además de epistemológico. Es precisamente en este punto donde decantan buena parte de las reflexiones de Pío XII sobre la técnica, a saber, en la "inhabilitación del espíritu" que produce la razón instrumental y en el empequeñecimiento de las posibilidades de desarrollo humano, unido a la ulterior dificultad para servirse de la Creación, y de toda invención humana para buscar la verdad y orientar la vida íntegramente hacia Dios[53].

En la Navidad de 1953, Pío XII denunciaba, en la base de todo, al verdadero «engaño fundamental» proveniente del «espíritu técnico», consistente en una mirada incompleta y torcida sobre la realidad, que «no expresa sino las relaciones de esta con la materia»[54]. Así, el hombre se admira y obnubila ante el panorama aparentemente ilimitado de posibilidades que le ofrece la técnica, dificultándosele con ello percibir lo unidimensional de tal mirada. Cuatro años más tarde, También en el *Radiomensaje de Navidad*, el papa complementa la idea: gracias a la técnica, afirma el pontífice, el espectro de los sentidos se ha ampliado significativamente, y ahora puede ver, oír y medir el cosmos que lo rodea con mayor extensión, profundidad y precisión; pero al mismo tiempo, tal intensificación del uso de los sentidos puede llegar a absorber su razón y postergarla hasta tal punto de que, «sin darse cuenta», lleve

---

53. La expresión "recorte de la razón" la tomamos de Leonardo POLO quien, reflexionando en la misma línea que el pontífice, sintetiza el problema con lucidez: «El hombre es superior al mundo, y al superior compete elevar al inferior, o comunicarle su dignidad perfeccionarlo, esta es la función primordial del entendimiento respecto de las cosas materiales. Por eso la reducción de la razón a pragmatismo es una igualación humillante, un recorte empobrecedor que tampoco para el mundo reporta ventaja alguna». *Presente y futuro el hombre*, p. 125.

54. *Radiomensaje de Navidad*, 24 de diciembre de 1953.

al hombre «a reducir la aplicación de la facultad de lectura plenamente espiritual dentro de las cosas, es decir, del intelecto, y a ser cada vez menos capaz de madurar las verdaderas ideas en las que se fundamenta la vida»[55]. Aquel momento en que el hombre transita y asciende de forma natural desde la percepción hasta el fundamento de las cosas, parece ahora postergarse irremisiblemente, quedando así su razón debilitada, al menos para su uso respecto de las cuestiones más importantes de la existencia.

Horkheimer, una década antes de Pío XII y Heidegger, una después, compartían su mismo juicio, a pesar de las líneas diversas de pensamiento de las que procedían. La creciente falta de reflexión, dice simplemente el autor de *Ser y Tiempo*, «consume la médula misma del hombre contemporáneo», falta que, según su parecer, es efecto de una «huida ante el pensar» que el hombre de la época no quiere ver ni admitir. La única excepción a esta huida, como era de esperar, lo constituye el uso de la razón según el modo instrumental[56]. Horkheimer, por su parte, llega a afirmar que los mismos conceptos no pasan ahora de ser «medios racionalizados que ahorran trabajo», por lo que todos aquellos que fuesen irreductibles a «la síntesis técnica», serán considerados «residuos de superstición», con lo que el mismo pensamiento vendría a quedar reducido «al nivel de procesos industriales». Y una vez instrumentalizada ya la palabra, concluye el autor coincidiendo con Heide-

---

55. *Radiomensaje de Navidad,* 22 de diciembre de 1957.

56. Martin Heidegger «Serenidad», en *Revista Colombiana de Psicología,* 3, Bogotá, Universidad Nacional de Colombia, 1994, pp. 22-28.
«Cuando planificamos, investigamos, organizamos una empresa, contamos ya siempre con circunstancias dadas. Las tomamos en cuenta con la calculada intención de unas finalidades determinadas. Contamos de antemano con determinados resultados. Este cálculo caracteriza todo el pensar planificador e investigador». Un tal tipo de pensamiento, concluye nuestro filósofo, no puede sino dirigirse «de una suerte a otra, sin detenerse nunca ni pararse a meditar».

gger, que «se allana el camino a la renuncia a pensar realmente algo a propósito de lo que ahí está en juego, esto es, a realizar en su plenitud los actos lógicos entrañados por su formulación verbal»[57].

En síntesis, tanto para Pío XII como para ambos filósofos alemanes, el problema radica en una *crisis de la verdad* que, trascendiendo el nivel gnoseológico, se instala en el hombre también en un nivel existencial, con lo que la noción misma verdad parecerá quedar ya superada. No obstante, no debiera esto último extrañar demasiado, pues en realidad el concepto de verdad se vería algo forzado si se le utilizara exclusivamente para el ámbito factible. En otras palabras, negada la posibilidad de alcanzar la verdad en el ámbito propio de la *teoría* –relativismo teórico– y también en el de la *praxis* –relativismo moral–, utilizar el término únicamente para ámbito de la *poiesis* acaba siendo irrelevante. Si bien desde la filosofía clásica se puede con propiedad hablar de "verdad procedimental", "técnica" o "fáctica", como también de "recta razón de lo factible"[58] o "disposición productiva acompañada de razón verdadera"[59], se trata a fin de cuentas de la dimensión de la verdad más extrínseca de las tres formas de actividad humana. Aunque en sentido propio la *poiesis* es la que más lejanamente responde a la definición clásica de verdad como *adequatio rei et intelectus,* concepción según la cual la verdad en estricto sentido se encuentra antes en la mente que en las cosas mismas[60]. Y yendo más allá, además de irrelevante la noción misma de verdad termina también haciéndose incomprensible, pues, descontando dimensión procedimental, no se sabe bien qué se podría hacer realmente con ella[61].

---

57. Horkheimer, *Crítica de la razón instrumental,* pp. 59 y 60.
58. santo Tomás de Aquino, *Suma Teológica,* I-II, Q. 57, a.3.
59. Aristóteles, *Ética a Nicómaco,* VI, 1140a.
60. Por ejemplo, en Santo Tomás de Aquino, *De Veritate,* I, 1.
61. La cuestión se puede mirar también así: si la verdad se reduce a su dimensión fáctica, ¿qué quedaría, por ejemplo, de una definición como la

En síntesis, por este camino no se acaba sino negando e ignorando la radical apertura humana al conocimiento global de la realidad y a la verdad de las cosas, descontados sus fines utilitarios. Como el mismo Horkheimer resume, el conocimiento únicamente tendrá sentido «en la medida en que funciona mejor, en la medida en que nos lleva a algo que es ajeno a la verdad misma o, por lo menos, diferente de ella»[62].

El hombre contemporáneo, en conclusión, de modo más o menos inconsciente, ha llegado a asumir que su propia inteligencia está incapacitada para la verdad y que, a fin de cuentas, esta *no tiene caso*. Y como nota Leonardo Polo, un hombre así, cuya voluntad carece de un principio racional o *telos* a partir del cual pueda orientarse vitalmente, es decir, una voluntad que en cierto sentido *se ha hecho inútil*, forzosamente concluirá que la única salida posible será dirigir su vida a partir de lo más real que le irá quedando, que son los afectos[63]. Y sin una regulación apropiada ni de la razón ni de una voluntad mínimamente firme, continúa Polo, los afectos tenderán pronto a perderse: chocarán con la consistencia de la realidad, y el resultado será la desorganización. «Paradójicamente, en un mundo recargado de organización instrumental, el hombre afectivo se disuelve, va a la deriva»[64].

---

agustiniana según la cual la verdad consiste en la apropiación intencional de la realidad adquirida a través de una *palabra mental* o *verbo interior*, emanado del mismo sujeto, gracias al cual puede manifestar dentro de sí lo que las cosas son: «Recuerdo por mi memoria, comprendo con mi inteligencia, amo con mi voluntad; y cuando dirijo la mirada de mi pensamiento a mi memoria, expreso en mi corazón lo que sé, y de mi ciencia se engendra un verbo verdadero, y ambas cosas son mías, el verbo y la ciencia. Soy yo el que conozco y hablo en mi corazón lo que sé». San Agustín, *De Trinitate*, L.XV, cap. 22, en "Obras Completas", Madrid, BAC, 2ª ed. 2006.

62. Horkheimer, *Crítica de la razón instrumental*, p. 78.

63. Polo, *Presente y futuro el hombre*, p. 79.

64. Polo, *Presente y futuro el hombre*, p. 79.

Así las cosas, la crisis de la verdad en el nivel teórico y con la razón reducida a su dimensión instrumental, pronto se convierte en una crisis de orden moral que se transformará seguidamente en un problema global de la existencia. Hacia este punto se dirige en buena medida la reflexión de Pío XII: que todo este escenario tiene su raíz en la mentalidad tecnológica. O dicho de otra manera, que tal mentalidad representa una síntesis, y no solo una mera agregación, de todos los presupuestos filosóficos antes descritos.

El "concepto técnico" de la vida no es, por lo tanto, sino una forma particular del materialismo, en cuanto que ofrece, como última respuesta al problema de la existencia, una fórmula matemática y de cálculo utilitario[65].

En estas pocas líneas, Pío XII parece sintetizar la conexión que tales presupuestos tienen entre sí y la unidad conceptual que forman en torno al «concepto técnico de la vida». En primer lugar, el pontífice califica derechamente a esta idea de materialista; en segundo lugar, afirma que aquel concepto opera propiamente al modo de cosmovisión, una mirada global de la vida humana, pues ofrece una «respuesta última al problema de la existencia»; en tercer lugar, señala que del concepto técnico y de la razón instrumental se desprende también una determinada concepción de la ética tanto personal como social, y que, coherentemente, se encuentra cerrada a la trascendencia. Por último, precisa los fundamentos teóricos de la razón instrumental, como lo son la matematización del método y el cálculo utilitario.

Puede venir aquí al caso un singular máxima atribuida al psicólogo norteamericano Abraham Maslow: «cuando de la única herramienta que se tiene es un martillo, al poco andar todos los

---

65. *Radiomensaje de Navidad,* 24 de diciembre de 1953.

problemas parecerán clavos». Dado que no todos los asuntos de la vida humana son "clavos" que deban ser abordados desde la razón técnica o considerados como meros "problema a resolver", pronto se hace patente que, si se trata de esta manera a la totalidad de lo real, al mundo, al hombre y a Dios, la misma realidad saldrá perjudicada: se abusará y destruirá la naturaleza, se desconocerá la dignidad de la persona, con lo que se arruinarán las sociedades y las relaciones humanas, y se le rehusará dar Dios el debido culto y adoración, suprimiendo con esto el verdadero gozo de su espíritu.

A una sociedad así organizada cabría con toda propiedad denominarla «civilización materialista», como el mismo Pío XII la llamó al menos en un par de ocasiones[66]. Lo esencial de esta civilización dice el papa, es su pretensión de extender al mundo de lo humano la misma lógica con la que ha logrado el dominio la naturaleza. Esta ambición no solo suscita sino que *pareciera incluso requerir* la anulación de la libertad humana, en la medida en que, dada su naturaleza esta es refractaria a toda determinación que provenga del cálculo y a la planificación, aunque ciertamente no será inmune a la manipulación y objetivación que sobre ella intente el sistema[67].

Se añade a lo anterior el hecho de que, en cuanto es en esencia materialista, será igualmente propio de una civilización tecnológica el que induzca a anclar al hombre en el mundo presente. Esto ocurre porque implícitamente ofrece a las sociedades una esperanza terrenal que pregona que la sola capacidad del hombre y con la debida planificación, tarde o temprano será posible remediar

---

66. Ambas durante 1956 y, curiosamente, en discursos pronunciados ante públicos femeninos, con pocos meses de diferencia, como se verá a continuación.

67. *Alocución a miembros de la Sección Femenina del Comité para la Unidad y Universalidad de la Cultura*, 26 de enero de 1956.

realmente los males propios de la humanidad. El convencimiento de alcanzar una meta de esta naturaleza justificaría o por lo menos haría comprensible y esperable un eventual sometimiento libre de las personas a una tal civilización, si por este término, explica el papa, se entiende un determinado espíritu y visión del mundo y de la vida, encarnado en una comunidad organizada. Y esta última característica, bien mirada, es perfectamente predicable lo mismo del comunismo que de la sociedad de libre mercado de las democracias occidentales. Y advierte el pontífice: «Los propios cristianos no escapan a esta fascinación»[68].

De todo lo anterior cabe concluir lo siguiente: postular a la razón instrumental como el modo propiamente humano de ejercer la suprema facultad humana de conocimiento o como su versión más acabada, supondrá automáticamente la clausura y ulterior desprecio de la razón teórica[69]. Porque es justamente en este ámbito en el cual la persona humana ejerce lo que, según la terminología de la tradición aristotélico-tomista se trata de «la actividad más perfecta de la facultad más perfecta», la contemplación de la verdad, la operación humana en la que en último término radica su felicidad[70]. Esta cual puede alcanzarse tan solo imperfectamente en esta vida, pero perfecta y definitivamente en el otro, como

68. *Alocución a la Federación Mundial de Juventudes Femeninas Católicas*, 3 de abril de 1956.

69. O para expresarlo con el esquema y en los términos del profesor Julio RETAMAL FAVOREAU, el proceso descrito acabará durante el siglo XX en la "indeseabilidad de la verdad". *Y después de Occidente, ¿qué?*, Andrés Bello, Santiago, 6ª ed., 2003.

70. ARISTÓTELES, Ética a Nicómaco, X, 1177a: «Si la felicidad es una actividad de acuerdo con la virtud, es razonable (que sea una actividad) de acuerdo con la virtud más excelsa, y ésta será una actividad de la parte mejor del hombre. Ya sea, pues, el intelecto ya otra cosa lo que, por naturaleza, parece mandar y dirigir y poseer el conocimiento de los objetos nobles y divinos, siendo esto mismo divino o la parte más divina que hay en nosotros, su actividad

afirma universalmente la fe cristiana. Sin un horizonte tal, dentro del cual esté allanado el camino a que se susciten operaciones
plenamente libres y gratuitas, aquellas cuyo solo ejercicio contie-
nen ya por sí mismo su fin[71], –la *praxis teleia*– vida del hombre
se verá integralmente contraída: todas sus dimensiones se verán
afectadas y, a la larga, las consecuencias serán a nivel existencial,
y repercutirán por ello en el nivel más profundo de su condición.
Esta contracción vital, dice el pontífice, propia de una civilización
materialista, supone el eclipse de los valores humanos esenciales, y
«acaba privando al hombre de una forma genuina de pensar juzgar
y actuar». Esto significa lo mismo que decir que se verá afectado
nada menos que en el uso básico de su razón y de su voluntad, sus
facultades superiores. Es a través del ejercicio de estos actos que el
hombre busca alcanzar «lo verdadero y lo honesto, para ser, en una
palabra, humano», lo cual es imposible si la razón no es ejercida de
modo pleno en todas sus dimensiones y quede únicamente subsumida en su capacidad instrumental o procedimental[72].

Nos parece que el siguiente pasaje de Francisco Canals –cuya
reflexión se estuvo siempre plenamente inserta en Magisterio de
la Iglesia y ciertamente en el de Pío XII– describe en inmejorable
síntesis la hondura y gravedad de los problemas a los que empuja
la reducción de la razón a su dimensión instrumental.

La afirmación especulativa de la primacía de la acción, y la entrega práctica a la búsqueda de un sentido de la vida que fuese inde-

---

de acuerdo con la virtud propia será la felicidad perfecta. Y esta actividad es
contemplativa».

71. «Esta actividad es la única que parece ser amada por sí misma, pues
nada se saca de ella excepto la contemplación, mientras que de las actividades
prácticas obtenemos, más o menos, otras cosas, además de la acción misma».
ARISTÓTELES, Ética a Nicómaco, X, 1177b.

72. *Radiomensaje de Navidad*, 22 de diciembre de 1957.

pendiente de todo valor o fin anteriores al ejercicio de la libertad, no han hecho sino lanzar al hombre culto de la modernidad a un círculo en el que la misma dimensión ética viene a ser olvidada en su esencia, para ser asumida sólo como eficacia técnica a través del desarrollo, por la educación científica, de las posibilidades creadoras entendidas como capacidades de dominio y de producción[73].

Sorprende aquí nuevamente la cercanía de la visión de Horkheimer con algunos aspectos del pensamiento de Pío XII y del mismo Canals. La razón instrumental, dice el alemán, no encuentra realmente motivos para no extender su lógica a las actividades humanas no productivas, como lo son las de naturaleza teórica y moral. La razón ha llegado a considerarse meramente, según Horkheimer, «como una capacidad intelectual de coordinación», la cual, si quiere mejorar su eficiencia, deberá excluir todos los factores no intelectuales, como las emociones y la vida interior en general. Por este camino, el juicio moral prudencial tiene a ser suspendido, porque por su propia naturaleza este responde a otro tipo de fines y proviene de consideraciones diferentes. Nunca la razón ha regido por sí sola a la sociedad, dice el filósofo alemán, pero nunca había renunciado «incluso a la tarea de enjuiciar acciones y modos de vida de los seres humanos». Tal juicio, en este

---

73. Francisco CANALS, «El culto al corazón de Cristo ante la problemática humana de hoy», en *Revista Cristiandad*, pp. 6-15. También en *Política española: pasado y futuro*, Ediciones Barcelona, Acervo, 1977, p. 7. Y en la misma línea, una vez más DEL NOCE: «El punto de vista de la primacía de la acción, entendido así como hemos dicho, quiere decir que no hay nada más allá del hombre: y si la verdad no es algo superior al hombre estará destinada a envejecer», de tal modo que finalmente carezca de todo atractivo; y de aquí proviene «el culto a lo "nuevo" con su correspondiente espíritu de destrucción». Y más abajo concluye: «no puede haber bienestar sin sensaciones "nuevas", como es evidente». Augusto del Noce, *Agonía de la sociedad opulenta*, Eunsa, Pamplona, 1979, p. 137.

caso de tipo práctico, supone una apreciación que evalúa el acto
en relación con bien que debe ser efectuado, y no con actos orientados hacia un resultado. Horkheimer agrega que el papel que en
el presente juega la razón difiere enormemente de cuando esta noción fue «formulada por Sócrates» (sic), y era considerada como un
«instrumento idóneo» para comprender los fines en cuanto tales
y para determinarlos luego, y que también le correspondía realizar «un discernimiento universal, determinar las convicciones y
regular las relaciones entre el hombre y hombre, y entre hombre
y naturaleza»[74]. Y señala también el autor que el hombre de este
tiempo prácticamente no comprende o al menos le ha dejado de
interesar «la pregunta por la racionalidad de lo fines como tales»,
y se le ha hecho extraña «la idea de que un fin pueda ser racional
por sí mismo en razón de excelencias contenidas de modo evidente
en él»[75].

2.4. Consecuencias espirituales fundamentales de la mentalidad tecnológica

Todo el diagnóstico realizado por Pío XII acerca de la mentalidad tecnológica que se ha revisado hasta este momento, viene
de algún modo a parar en el tema de este apartado. No debe extrañar que la mirada que otorgan los pontífices a las realidades
temporales acabe siempre, tarde o temprano, en la consideración
de los problemas humanos propiamente espirituales. Apoyados en
la certeza que otorgan las verdades reveladas, la Iglesia en general
y en particular los pontífices, disponen lo que podría llamarse un
verdadero hábito sapiencial, gracias al cual son capaces de mirar
los asuntos temporales desde la perspectiva más elevada posible,

---

74. Max HORKHEIMER, *Crítica de la razón instrumental*, pp. 49-51.
75. Max HORKHEIMER, *Crítica de la razón instrumental*, pp. 45 y 46.

tanto desde la perspectiva sobrenatural como de la natural. Al no perderse jamás de vista al "hombre interior", se podrá desde allí ordenar todas las otras realidades teniendo como fin el bien espiritual de la persona.

En la era de la técnica, el hombre se haya inserto en una cultura en la que la mentalidad tecnológica parece estar incontestada. La estrechez de miras de su visión sobre la racionalidad alimenta su desdén por la vida del espíritu, cercenando así lo más noble de posibilidades humanas. En tal estado de cosas, el hombre no puede sino quedar secretamente humillado, justo cuando la capacidad racional de la humanidad parecía haber alcanzado su cenit. Desde este punto corresponderá considerar con mayor detenimiento las consecuencias antropológicas que, de un modo paulatino pero natural, se han derivado de la mentalidad tecnológica.

Como ya se ha hecho notar, Radiomensaje de Navidad de 1953 constituye el documento más importante de Pío XII sobre la mentalidad técnica, en el que todas sus aristas fundamentales fueron abordadas integradamente, resultando así un discurso coherente y sólido, e incluso muy bien logrado desde el punto de vista literario. Fue escrito promediando el periodo que entre 1950 y 1958, es decir, aproximadamente entre el comienzo de sus reflexiones más sistemáticas sobre la técnica y el año de su muerte. Por ello se le puede considerar como el punto de inflexión, en el que desembocó su pensamiento previo sobre la materia y que sirvió al mismo tiempo como soporte para ulteriores desarrollos. Pero posee además una singular trabazón lógica, cuya lectura no solo da cuenta de su mirada en calidad de Pastor de la Iglesia, sino que también permite acceder a su acabada y penetrante síntesis sobre la técnica y la mentalidad tecnológica en general.

Entre las características más destacables de este discurso, se encuentra en primer lugar la integración de aspectos aparentemente heterogéneos en una comprensión ordenada y –diríase– ascendente. La técnica es analizada en sus diversas aristas, tales como su vertiente puramente material, su dimensión social –con la que se busca precisar el papel que ha llegado a ocupar en la civilización de su tiempo–, su injerencia en la situación espiritual del hombre contemporáneo y, por último, considerando el cuadro desde la perspectiva de la fe, otorgándole así su interpretación última[76]. La segunda característica que sobresale radica en su agudo examen sobre los errores antropológicos y las consecuencias humanas asociables a la mentalidad tecnológica, que se abordarán a continuación.

Para el pontífice, la mentalidad tecnológica conduce al hombre contemporáneo por lo que pudiérase llamar "una suave pendiente", cuya lógica intrínseca, allí donde sea coherentemente seguida, puede llevar al hombre de un error antropológico y ético a otro, hasta acabar, como se verá, ni más ni menos que en la apostasía de la fe.

El pasaje que reproducimos constituye, creemos, el que más completamente resume y evidencia la amplitud y profundidad de la reflexión de Pío XII sobre la mentalidad técnica. Se trata de una exposición de la lista de los errores referidos, pero explicados de forma concatenada, como procediendo unos de otros, hasta acabar en las mentadas apostasía e idolatría, los peldaños más bajos a los

---

76. A modo de ejemplo, el siguiente pasaje grafica suficientemente esta última característica: «Muy lejos, por tanto, de sentirse inclinado a rechazar las maravillas de la técnica y su legítimo empleo, el creyente se encuentra más pronto, si cabe, a doblar su rodilla ante el Niño divino del pesebre, más consciente de su deuda de gratitud al que dio la inteligencia y las cosas, más dispuesto a servirse de las obras de la técnica para entonar aquel cántico de los ángeles en Belén: "Gloria a Dios en lo más alto de los cielos" (Lc 2, 14). El creyente tendrá, incluso, por cosa natural, el ofrecer al Niño Dios, junto al oro, el incienso y mirra de los Magos, las conquistas modernas de la técnica: máquinas y números, laboratorios e invenciones, potencia y recursos». *Radiomensaje de Navidad*, 24 de diciembre de 1953.

que puede llegarse mediante esta mentalidad. Más allá de las apariencias, esta termina negando las máximas posibilidades de aquello más excelente que posee el ser humano, su razón y su voluntad libre; su espíritu, en suma. Aunque el pasaje se explica por sí solo, se propone a continuación una paráfrasis de este con que se busca graficar lo mejor posible aquella "suave pendiente" antes mencionada, y reforzar así la idea de la incompatibilidad definitiva existente entre la mentalidad tecnológica y la visión cristiana de la vida:

> No obstante el copioso fulgor de la luz divina que irradia del humilde pesebre posee el hombre la tremenda facultad de hundirse en las antiguas tinieblas, causadas por el primer pecado, en las que el espíritu se agota en obras de fango y de muerte. Para esos ciegos voluntarios, que lo son por haber perdido o debilitado la fe, la misma Navidad no tiene otros atractivos que los de una fiesta meramente humana, reducida a pobres sentimientos y a recuerdos puramente terrenales, mirada frecuentemente con dulzura, pero como envoltura sin contenido y cáscara vacía. Aún quedan pues, en torno a la refulgente cuna del Redentor zonas de tinieblas y la rodean hombres de ojos apagados a la luz celestial, mas no porque el Dios Encarnado no tenga, aun dentro del misterio, luz para iluminar a todo hombre que viene a este mundo, sino porque muchos, obnubilados por el efímero esplendor de ideales y obras humanas circunscriben su vista en los límites de lo creado, haciéndose incapaces de levantarla al Creador, principio armonía y fin de todo lo que existe.
>
> A estos hombres de las tinieblas deseamos señalar la gran luz que irradia del pesebre, invitándoles, ante todo, a reconocer la causa actual que les ciega y les hace insensibles a las cosas divinas. La causa es el excesivo y a veces exclusivo aprecio del llamado "progreso técnico". Este progreso, soñado al principio cual mito omnipotente y fuente de felicidad, promovido más tarde con gran ardor hasta las más audaces conquistas, se ha impuesto a la conciencia ordinaria como fin último del hombre y de la vida, en sustitución de todo otro ideal religioso y espiritual.

Hoy vemos, con claridad cada vez mayor, que su inmerecida exaltación ha cegado los ojos del hombre moderno y ha endurecido
sus oídos de tal modo, que se realice en ellos lo que el Libro de la
Sabiduría flagelaba en los idolatras de su tiempo (*Sab.* 13, 1); son incapaces de conocer por medio del mundo visible a Aquel que existe
y de descubrir al Artífice por sus obras, y aún más hoy en día, para
esos que caminan en tinieblas, el mundo sobrenatural y la obra de la
Redención, que supera a toda la naturaleza y que fue realizada por
Jesucristo, quedan envueltos en completa oscuridad.

Por eso es un panorama que alucina y acaba por encerrar al hombre,
demasiado crédulo, en la inmensidad y en la omnipotencia de la
técnica, en una prisión, que es ciertamente vasta, pero circunscrita
y, por tanto, a la larga, insoportable a su genuino espíritu.

Los hombres imbuidos del "espíritu técnico" difícilmente encuentran la calma, la serenidad y la interioridad necesarias para poder
reconocer el camino que conduce al Hijo de Dios hecho hombre.
Llegarán ellos hasta denigrar al Creador y su obra, declarando que
la naturaleza humana es una construcción defectuosa, si la capacidad de acción del cerebro y de los demás órganos humanos, necesariamente limitada, impide la realización de los cálculos y proyectos
tecnológicos[77].

El primer momento del espíritu técnico podría llamarse **obnubilación,** que se produce en el hombre contemporáneo al di-
mensionar y admirar los logros y beneficios que la técnica le ha
otorgado y aún le promete, tras lo cual les concede una *excesiva
e inmerecida exaltación* y un *exclusivo aprecio*[78]. No se trata, propiamente, de una admiración contemplativa, libre y agradecida,
provocada por las maravillas realizadas por el hombre; consiste
más bien en una especie de trance causado por la posibilidad de

---

77. *Radiomensaje de Navidad,* 24 de diciembre de 1953.
78. En adelante, se destacará en cursivas las citas que provengan del pasaje
citado.

una vida más fácil y placentera. Y como señala el pontífice en otro lugar, esta suele ser la puerta de entrada para la aceptación de errores respecto de cuestiones vitales[79].

A la **obnubilación** sigue lo que podría llamarse **"cercenamiento" o "empequeñecimiento" de la captación de la realidad**. No se trata aquí de aquel recorte de la inteligencia humana causada por la concepción instrumental de la razón, aunque ciertamente se relaciona: consiste más bien en una limitación relativamente autoimpuesta de la mirada personal sobre el mundo, lo que traerá como principal consecuencia una continua desconsideración de todo indicio de trascendencia. A esto es lo que Pío XII describe como *vasta prisión* para el espíritu, en la que este queda atrapado *en la inmensidad y en la omnipotencia de la técnica*, que no puede sino sofocarlo. Con una visión así, más pronto que tarde todo contenido genuinamente religioso se tornará incomprensible, por haber sido previamente anuladas todas las categorías mentales a través de las cuales se hubiese podido considerar dicho contenido con el mínimo de la seriedad necesaria[80]. Dicho lo anterior, se

---

79. «El progreso técnico, por el contrario, cuando aprisiona al hombre entre sus espirales, segregándolo del resto del universo, especialmente del espiritual e interior, lo conforma a sus propias características, de las cuales las más notables son: la superficialidad y la inestabilidad. El proceso de esta deformación no es ningún secreto cuando se considera la tendencia del hombre a aceptar la incomprensión y el error, si llevan en sus manos la promesa de una vida más fácil». *Radiomensaje de Navidad*, 22 de diciembre de 1957. La misma idea se encuentra en los últimos meses de su pontificado, en el *Radiomensaje a la Jornada de los Católicos, Berlín, Alemania Federal*, 17 de agosto de 1958: «El problema se hace agudo al considerar que las realizaciones de la técnica, por el momento al menos, fácilmente deslumbran la mirada, de manera que los valores puramente espirituales y los sobrenaturales palidecen frente a ella»

80. Una idea parecida se encuentra en la *Alocución a miembros de la Sección Femenina del Comité para la Unidad y Universalidad de la Cultura*, 26 de enero de 1956: «Ahora estamos presenciando el drama de una civilización materialista que, no contenta con querer tomar el control absoluto de las fuerzas de la natu-

pueden comprender mejor los juicios del papa en relación con el modo en que se vivía la Navidad en sus tiempos, cuyos atractivos se hallaban reducidos *a pobres sentimientos y a recuerdos puramente terrenales, mirada frecuentemente con dulzura, pero como envoltura sin contenido y cáscara vacía.*

Apenas distinta del "empequeñecimiento" de la captación del mundo se encuentra **la ceguera,** que es su consecuencia inmediata. De la desconsideración sistemática de lo trascendente y de las realidades espirituales, se sigue pronto una incapacidad más o menos crónica para advertirlas y valorarlas. En otras palabras, por la indiferencia culpable de los *ciegos voluntarios*, se llega una vida en que se *camina en tinieblas*, porque los bienes del espíritu han llegado a ser imperceptibles para todos aquellos *ojos apagados* que permanecen *envueltos en completa oscuridad. A estos hombres de las tinieblas deseamos señalar la gran luz que irradia del pesebre, invitándoles, ante todo, a reconocer la causa actual que les ciega y les hace insensibles a las cosas divinas. La causa es el excesivo y a veces exclusivo aprecio del llamado "progreso técnico".*

En este pasaje, el pontífice nombra junto a la ceguera al siguiente error que se sigue del proceso que se está describiendo, a saber, la **insensibilización** respecto de las realidades espirituales en general, de Dios y de la revelación. Este concepto añade al de

raleza, transpone esta ambición al mundo humano, en el que a veces penetra de manera insidiosa y sin ruido, a veces por violencia. Ella demanda para encerrar al hombre a sí mismo en un determinismo impecable, destruir toda la verdadera libertad, agarre las mentes y corazones en una despiadada servidumbre». Y con profundidad quedó también expresado –nuevamente– en el *Radiomensaje de Navidad*, 22 de diciembre de 1957: «Satisfecho con tanto aumento de poder y casi completamente absorbido por el ejercicio de los sentidos, el hombre que "todo lo ve" se ve inducido, sin darse cuenta, a reducir la aplicaciones de la facultad plenamente espiritual de leer en el interior de las cosas, es decir, del intelecto, y volviéndose cada vez menos capaz de madurar las verdaderas ideas de las que se fundamenta la vida».

ceguera nada más que la idea de persistencia en el tiempo. Quien la posee, se encamina a un estado de vida en que la incapacidad e imposibilidad en general de acceder a tales realidades, se habrá hecho ya estructural, y convertido en un estado de cosas muy difícil de superar. El espíritu, ya ciego y ofuscado, se encuentra ahora como pasmado ante los bienes superiores.

Así, cerrado o máximamente dificultado el acceso a los bienes espirituales de primer orden, al hombre contemporáneo le quedará tan solo dirigir su mirada a los de carácter secundario (viajes, honores, goces estéticos, realización de proyectos, etc.) los que difícilmente serán buscados y requeridos de modo existencial. De esta manera, muchos espíritus terminarán haciéndose *insensibles a las cosas divinas*, y viendo obstaculizada su elevación hacia las realidades trascendentes y debilitada la capacidad de oponer una sana rebeldía ante lo mundano. Por este camino, concluye el papa, los hombres se habrán hecho *incapaces de conocer por medio del mundo visible a Aquel que existe y de descubrir al Artífice por sus obras*[81].

Vistas así las cosas pareciera que, por lo menos para el hombre occidental, el problema ya no tendría salida y que, de mantenerse por esta pendiente, pronto acabará desaparecido de la cultura toda posible "nostalgia de lo absoluto". Es cierto que esta no puede suprimirse por completo, dado que brota de una inclinación humana radical, inscrita en su condición misma de criatura; pero cabe

---

81. Cuatro años después, el pontífice volvió a referirse a esta incapacidad, aunque agregando en su diagnóstico lo que terminó siendo un juicio verdaderamente profético, que difícilmente un observador actual podría pasar por alto: «El hombre nacido y educado en un clima de riguroso tecnicismo, carecerá necesariamente de una parte, y no la menos importante, de su todo, como si estuviera atrofiado por condiciones adversas a su desarrollo natural. Como una planta cultivada en un suelo del que se han sustraído sustancias vitales, desarrolla tal o cual cualidad, pero no reproduce todo el tipo armónico» *Radiomensaje de Navidad*, 22 de diciembre de 1957.

preguntarse si de algún modo no pudiera ella quedar totalmente asfixiada.

Esta fue, en efecto, la opinión de Pío XII, para quien las condiciones que podían hacer factible tal estado de cosas estaban ya incubadas. Al igual que varios pensadores de su época, el papa advertía que tendían a desaparecer aquellas condiciones básicas que no solo se requerían para posibilitar la vida religiosa, sino que también para propiciar toda obra medianamente relevante para la cultura. Y dirá el pontífice: *Los hombres imbuidos del "espíritu técnico", difícilmente encuentran la calma, la serenidad y la interioridad necesarias para poder reconocer el camino que conduce al Hijo de Dios hecho hombre*[82].

Vale la pena detenerse un momento en el concepto de serenidad. Por una parte, la velocidad de la vida, de la que el hombre de las grandes ciudades difícilmente puede abstraerse, la sobreabundancia de estímulos, la fugacidad de los momentos y el *ethos* de la eficiencia propio de la era tecnológica, que atenta contra la vida interior, al dificultar sobremanera la serenidad, que es su condición de posibilidad. Además, los extensos periodos sin la quietud y serenidad suficiente contribuyen también a la insensibilización, porque cuando eventualmente aquellas se hicieran posibles, costaría cada vez más enderezarlas a su fin propio, que son los bienes del

---

82. Esta circunstancia debe inscribirse en el marco de otra de mayor alcance y que hacía particularmente difícil la práctica de la fe en diversos ámbitos, como lo era la influencia de los múltiples errores filosóficos, teológicos e ideológicos. La mayoría de ellos se habían originado en el siglo XIX, pero a lo largo del XX se extendieron e influyeron hasta tal punto que, en muchos lugares del mundo y del Occidente cristiano, la fe cristiana se volvió prácticamente *incomprensible*. Y en no pocos casos, ya de modo explícito o solapado, se la señalaría como contraria al bien de la sociedades y como un enemigo que debía ser derrotado o acorralado. Así lo atestiguan las innumerables persecuciones sufridas durante el siglo, descontando las que habían tenido lugar durante el siglo XIX.

espíritu. En otras palabras, *ya no se sabrá más qué hacer con ellas*, hasta que tales bienes terminasen haciéndose realmente ajenos a la vida humana, todo lo cual es también otro modo de expresar la idea de insensibilización[83]. Pero volviendo a la expresión del pontífice arriba citada, el origen de este problema no proviene tan solo del hecho mismo de vivir en una época en que prima un determi-

83. El profesor Julio RETAMAL FAVOREAU, antes citado, ha descrito estos fenómenos en elocuente síntesis, que citamos *inextenso*: «Quizás lo más grave del entorno tecnológico actual es la pérdida de la privacidad y del silencio. Nuestro mundo tecnologizado ha transformado todos los ámbitos en receptores de ruidos, cháchara, marketing, información innecesaria. No hay paz, no hay recogimiento, no hay meditación ni reflexión. Nadie escucha a nadie, solo piensa en hablar él. Los lugares que el hombre habita son cada vez más estrechos y rodeados de gente: el condominio, el mall, las vacaciones compartidas, el crucero, el viaje turístico, el café de la esquina, la calle, el audio estridente de los nuevos cines y las discotecas, los micrófonos y amplificadores de las iglesias… Todo contribuye a destruir el silencio. El mundo de la innovación socava e interrumpe el curso normal de la vida. Los teléfonos celulares retumban en los momentos más solemnes de la existencia: ceremonias religiosas, matrimonios, funerales, atención de pacientes graves, funciones de cines, teatros, salas de concierto, ballet u ópera y un largo etcétera. Nada ocurre ahora en privado, en la reserva mental, física o psíquica, en la atmósfera del recogimiento o de la cogitación creativa. Al no meditar, el hombre actual se conoce cada vez menos a sí mismo. La mayor parte de los hombres de hoy vive una existencia acelerada, trabajólica, sin dimensión profunda y apacible. El ámbito de la comunicación ha transformado todo en un ágora bulliciosa y vulgar, en un zoco estrepitoso y casi siempre, innecesario. Jean Baudrillard aludía a la nueva "obscenidad", que genera la comunicación, la red no reflexiva en que se exhibe, se transa y cotiza todo, hasta nuestros sentimientos más íntimos En esa falta de privacidad y silencio no hay espacio para Dios, para el alma, para la belleza o para el bien; vale decir, para todo lo sublime que encierra la vida humana (…). Lo grave es que el frenesí activista y el griterío no han engendrado jamás nada de valor en ninguna cultura. Las culturas se alimentan del silencio y del pensamiento meditativo, del experimento discreto y de las comunicación ágil pero prudente». Julio RETAMAL FAVOREAU, ¿Existe aún Occidente?, Santiago de Chile, Andrés Bello, 2007, pp. 141 y 142.

nado estado de cosas, sino que, principalmente, de *estar imbuido de espíritu técnico*[84].

A la insensibilización seguirá el **endurecimiento,** antesala de la apostasía. Este implica que, una vez asumida la supuesta imposibilidad de alcanzar y aun anhelar los bienes espirituales naturales y sobrenaturales, serán estos ahora conscientemente rechazados. El hombre, además de *ciego* e *insensible,* parece curvarse sobre sí mismo y cerrarse voluntariamente a tales bienes, y lo que hubo de ser indiferencia acaba ahora en rechazo. *Se han endurecido sus oídos de tal modo, que se realiza en ellos lo que el Libro de la Sabiduría flagelaba en los idolatras de su tiempo (Sab. 13,1): son incapaces de conocer por medio del mundo visible a Aquel que existe y de descubrir al Artífice por sus obras*[85].

A medio camino entre la **insensibilización** y el **endurecimiento** se encuentra un vicio, el pecado capital al que la moral cristiana llama *acedia.* Si bien frecuentemente se la identifica con la pereza, esta no expresa sino un aspecto secundario de ella. Según explica Santo Tomás, la acedia es tanto «cierta tristeza que apesadumbra", como «la indolencia del alma en empezar lo bueno»[86]. Pero en cuanto que es un pecado capital, la define como

---

84. El mismo HEIDEGGER se expresa en términos muy similares a los del papa: «Cuando se despierte en nosotros la serenidad para con las cosas y la apertura al misterio, entonces podremos esperar llegar a un camino que conduzca a un nuevo suelo y fundamento. En este fundamento la creación de obras duraderas podría echar nuevas raíces». «Serenidad», en *Revista Colombiana de Psicología,* pp. 22-28.

85. Y del mismo tenor, en la Navidad de 1955: «A semejanza de los constructores de la torre de Babel, sueñan con una inconsistente *divinización del hombre,* adecuada y suficiente para todos los requisitos de la vida física y espiritual. En ellos, la Encarnación de Dios y su "*morada entre nosotros*" no despiertan ningún interés profundo, ninguna emoción fructífera», *Radiomensaje de Navidad,* 24 de diciembre de 1955. Cfr. *Jn.* 1,14.

86. SANTO TOMÁS DE AQUINO, *Suma Teológica,* II-II, q. 35, a.1.

«tristeza (dolor) por el bien espiritual en la medida en que es un bien divino»[87]. En otras palabras, se trata de una *huida* o *fuga* del bien divino, en cuanto que la referencia a este produce un malestar o desagrado, que causan la indolencia –que en la voz latina original, *indolentia,* significa precisamente *insensibilidad*–. De modo indirecto, pueden incluirse en esta categoría a cualquier otro bien humano que participe o conduzca a los bienes divinos, tales como la verdad buscada por sí misma, la sabiduría, la virtud, la belleza o el amor a los semejantes.

Si el **endurecimiento** se llega a vivir de modo más o menos coherente, podrá transformarse en **apostasía**. Por débil que hubiese sido inicialmente la adhesión a la fe, llegados a este punto esta ya habrá sido explícitamente abandonada y supondrá que, en la gran mayoría de los casos, se constituya una relación dialéctica con ella. En contraste con la **insensibilización,** el **endurecimiento** supone haber alcanzado una mayor conciencia de los propios juicios y actos, y empuja además a confirmar la forma de vida que se lleva. Y análogamente, la **apostasía** lo hace respecto del endurecimiento: apostatar supone no solo negar alguna parte de la verdad revelada, acto propio de la herejía, sino que conlleva una negación explícita de la revelación considerada en su conjunto y de su sentido último, para lo cual se requiere haber realizado previamente una decisión plenamente voluntaria.

Si bien el acto de apostasía es compatible con que posteriormente se abrace otra religión, ya fuese el Judaísmo, el Islam o el paganismo, en la segunda mitad del siglo XX apostatar viene casi a coincidir con el abandono de toda religión, pues lo que la sociedad tecnológica dificulta sobremanera es precisamente el sentido de la religiosidad en sí mismo. Podría proponerse aquí una consideración algo curiosa: incluso el comunismo, quizás el principal

---

87. Santo Tomás de Aquino, *Suma Teológica,* II-II, q. 35, a.3.

enemigo de la fe cristiana de los últimos dos siglos, podría alegar la dificultad de encontrar en los tiempos presentes a personas dispuestas a creer y comprometerse de modo *absoluto* con su doctrina, que es además el modo en que esta doctrina siempre lo ha establecido. Pero más allá de cómo se utilice el concepto, corresponde aquí mostrar a la apostasía como una derivación probable de la mentalidad tecnológica. Durante la segunda mitad del siglo XX, la apostasía supuso en buena medida no solo el abandono de la fe, en muchos casos ya pobremente vivida, sino que también un afán generalmente intolerante y combativo para con ella. "¿Por qué –alguien podría esgrimir– habría de ser inocua una doctrina como la cristiana que profesa fantasías, impide dedicarse razonablemente a las cosas del mundo, inocula sentimientos de culpa, niega la libertad, etc.?" Los hombres, dice el papa, *llegan hasta denigrar al Creador y a su obra.*

El último estadio de este proceso debía ser el surgimiento de la *pseudorreligiosidad.* Una vez negado Dios, su obra creadora y su Revelación, las sociedades y la humanidad entera, contemplando el poder que le permite su conocimiento científico y su capacidad técnica, se encaminarán a la autodivinización. Que el hombre se adore a sí misma querrá decir que ha asumido que se basta por sí sola, y que solo será cuestión de tiempo que llegue a suprimir el mal del mundo. En otras palabras, la "salvación" –esto es, intramundana– deberá provenir de la misma humanidad, y ya no será necesario continuar postulando la existencia de un Dios invisible y esperarla de Él[88]. De este postulado no solo brotará una indiferen-

---

88. «El "espíritu de la técnica" –sostiene en buena síntesis Jaspers– significa entonces algo que no es medio tan solo, sino realización transformadora del contorno humano real y verdadero dado previamente. Por él se desarrolla un mundo independiente. La técnica no es solo existencia exterior, sino esfera de vida espiritual interiormente henchida». *Origen y meta de la Historia,* p.125.

cia o desprecio de la fe cristiana, sino que prácticamente también una especie de "juicio" al mismo Dios Creador, cuya existencia, al mismo tiempo, se tiene por superflua. *Llegarán ellos hasta denigrar al Creador y su obra, declarando que la naturaleza humana es una construcción defectuosa si la capacidad de acción del cerebro y de los demás órganos humanos, necesariamente limitada, impide la realización de los cálculos y proyectos tecnológicos*[89].

En otros términos, para la mentalidad tecnológica Dios termina siendo como un "hacedor defectuoso" y, derivadamente, como un obstáculo. Gracias al poder adquirido, el hombre se percibe ahora llamado nada menos que a "superar" la creación y al Creador.

Por este camino, la apostasía conduce a la **autodivinización.** Viendo la humanidad únicamente el panorama que su mirada amplia aunque finita le permite captar, se ve impulsada por una especie de deformada magnanimidad. El hombre, señala el pontífice, ha llegado a considerar que *este progreso, soñado al principio cual mito omnipotente y fuente de felicidad, promovido más tarde con gran ardor hasta las más audaces conquistas, se ha impuesto a la conciencia ordinaria como fin último del hombre y de la vida, en sustitución de todo otro ideal religioso y espiritual.*

En verdad sorprende el hecho de que, en un estado tal de cosas, y hasta donde se puede ver, una conclusión semejante haya llegado a asumirse como prácticamente evidente. Al respecto, Heidegger expresó este punto con agudeza: el hombre, dice, «se pavonea como señor de la Tierra. Así se extiende la mera apariencia de que

---

89. Se hace natural al leer estas palabras, entenderlas como una prefiguración del posterior ideal transhumanista. También tuvo JASPERS una intuición en un sentido parecido: «Acaso el desarrollo técnico no es ilimitado, sino que se dirige a un término, que sería una nueva especie de perfección como base material de la existencia humana». *Origen y meta de la Historia*, p.125.

todo lo que encontramos solo es consistente por ser un producto del hombre. Esta falsa apariencia alimenta una última apariencia engañosa. Según ella, parece que el hombre encuentra por todas partes solo a sí mismo»[90]. Pero a continuación, se admira también del hecho y se inclina ante su propia obra. Se trata del hombre *fáustico* que, como afirma en la misma línea Francisco Canals, «busca la sabiduría, pero rehúye la contemplación que retendría y aniquilaría su vida», y tampoco desea el reposo en su conocimiento en la verdad, sino que prefiere «el goce creador de una acción sin otro objeto que el ejercicio mismo de la libre creatividad»[91].

Como se mencionó, el pontífice volvería luego más de una vez sobre los tópicos esenciales del *Radiomensaje de Navidad* de 1953, desarrollándolos y profundizándolos. Así, en el correspondiente discurso para la Navidad de 1957 –que tuvo como tema central la armonía del mundo y la necesidad de concebirla desde Dios– abordó nuevamente la idea de autodivinización, en un pasaje que, por su claridad y profundidad, sirve de perfecto complemento a lo expresado en 1953:

> Pero si rechazamos el concepto mismo de la eternidad de Dios y la posibilidad de que Dios pueda compartir algo de Sí mismo en las criaturas, es inútil hablar de orden y armonía en el mundo. Sin embargo, con estas negaciones, la sed del hombre de armonía, orden, felicidad no se extingue. El hombre se ve entonces obligado a elevar lo que queda al valor supremo, es decir, su ser finito concreto. Apartado del orden externo y de toda armonía en el mundo, debe elegir una vida, que no es más que una preocupación continúa por su existencia y como camino a la muerte, aunque revestida de un cierto orgullo afectado de su naturaleza finita. El hombre moderno,

---

90. Heidegger, «La pregunta por la técnica», en *Ciencia y técnica*, p. 97.
91. Francisco Canals, «El culto al corazón de Cristo ante la problemática humana de hoy», en *Revista Cristiandad*, p. 6-15.

que no se siente esencialmente ligado a lo eterno, cae en la adoración de lo finito[92].

Como es sabido, el progreso técnico y científico humano es intrínsecamente ambivalente, dado que puede ser usado tanto para el bien que para el mal; pero en buena medida, la bondad o maldad de los avances también se sigue de la intención con que hayan sido originalmente concebidos y, a su vez, la rectitud de tal ordenación se habrá de juzgar en relación con el fin último se persigue. Y la naturaleza de la sociedad tecnológica ha sido ya bien señalada en el pasaje recién citado: la vida ha quedado reducida, primero, a la preocupación por evitar la muerte y las dificultades de la vida, y luego, consecuentemente, a la persecución de variados placeres y alegrías. Y como bien lo explica Cotta, el impulso de la edad tecnológica «se presenta realmente como un intento de eli-

92. *Radiomensaje de Navidad,* 22 de diciembre de 1957. En este punto viene al caso reproducir un decidor párrafo de este mismo discurso, en que se encuentran prácticamente todos los tópicos del pasaje de la Navidad de 1953 que se viene comentando, formulado con análoga claridad y profundidad: «Ante el acontecimiento indecible de la venida del Verbo divino al mundo, ante este hecho supremo sobre todos los demás en la historia de la humanidad, por tanto digno de suprema admiración, no todos los hombres se inclinan en adoración, casi prisioneros de su propia pequeñez, casi incapaces de imaginar las posibilidades de la grandeza infinita. Otros, espectadores del enorme desarrollo de la ciencia moderna, que ha extendido el conocimiento y el poder del hombre a los espacios astrales, casi cegados por la fascinación de sus propios resultados, sólo pueden admirar la "grandeza del hombre", cerrando voluntariamente los ojos a la "grandeza de Dios". Inconscientes u olvidados de que Dios es incluso más alto que los propios cielos y que su trono descansa sobre las cimas de las estrellas (cf. *Job* 22, 12), ya no reconocen la verdad y el significado del himno, cantado por los Ángeles sobre la cueva, donde se manifestó la suprema grandeza divina: *Gloria in excelsis Deo*; pero, por el contrario, se sienten tentados a sustituirlo por el otro de "gloria en la tierra al hombre", al hombre que tanto crea y realiza, por tanto al *homo faber,* como lo designan algunos filósofos, habiéndose revelado como tal en obras que parecen sobrepasar toda medida humana».

minar las insuficiencias y los límites del pasado. Hoy en efecto, se tiende a que la opulencia y el poder dejen de ser privilegio de pocos y lleguen a ser posibilidades para todos»[93]. El asegurar la vida y la felicidad para todos, continúa luego el mismo autor, constituirá el verdadero imperativo moral de la sociedad tecnológica y en esa dirección marcha el inmenso aparato de la energía tecnológica del mundo actual[94].

No obstante, lo anterior constituye una finalidad limitada, pero naturalmente buena en sí misma, lo que explica el hecho de que todos los bienes que la sociedad tecnológica ha logrado en los diversos ámbitos de la vida sean en la gran mayoría de los casos un aporte a la humanización de la vida y de las relaciones sociales. Sin embargo, se trata de un proceso que, bien mirado, a la larga conlleva a una profunda deshumanización. Como se mencionó, se apoya en un ideal razonable y por sí mismo completamente lícito, pero por otro lado, su orientación final contribuye más bien a que, más allá de la apariencia hedonista y satisfecha de la sociedad, se instale poco a poco en esta un clima desesperanzado, ansioso, acédico y disimuladamente triste. «La gran miseria del orden social –observa Pío XII– es que no es ni profundamente cristiano ni verdaderamente humano, sino solo técnico y económico, y que no descansa sobre lo que debería ser su base y el

---

93. Ver nota 158: Cotta, *El hombre Tolemáico*, pp. 56 y 57.

94. Cotta, *El hombre Tolemáico,* p. 84. Y agrega a continuación: «No es aceptable, pues, el juicio, hoy tan difundido, según el cual si bien nuestro tiempo ha alcanzado un grado altísimo de desarrollo cognoscitivo y material, no posee todavía una moral adecuada. En mi opinión (…) lo que primariamente falta a la edad tecnológica no es tanto una moral como un horizonte cognoscitivo más amplio, verdaderamente cósmico y universal. Su moral, coherente con su modo de ser, existe: es la del empeño por la vida», pp. 83 y 84. Por *vida* comprende aquí la necesidad de preservarla y de poder llevarla a cabo humanamente.

fundamento sólido de su unidad, es decir, el carácter común de los hombres por naturaleza y de los hijos de Dios por la gracia de la adopción divina»[95].

El abandono consciente de Dios y la autodivinización de la humanidad no podía acabar si no en una creciente incomprensión del carácter personal del hombre y de su dignidad intrínseca. Desde el prisma de la mentalidad tecnológica, difícilmente se encontrarán razones para trascender la lógica de la función para buscar verdaderas finalidades humanas, que refieran a bienes valiosos por sí mismos, a menos que sean fruto de las llamadas "felices inconsecuencias" tan propias del género humano. Ni la obnubilación ante el poder de lo nuevo ni la ceguera e insensibilización ante las realidades espirituales ni, para qué decir, la apostasía y autodivinización del hombre, facilitarán un genuino reconocimiento de la dignidad de persona humana, pues para captar su intrínseca nobleza, necesariamente habrá que remitirse a la eminencia de su origen. Sin este principio, la tentación de concebir al ser humano desde su funcionalidad y su calidad de engranaje del sistema será demasiado grande. Además, una vez desprendidas las consecuencias lógicas de los principios, poco a poco irán cayendo todas las defensas que consciente o inconscientemente impedían que el hombre fuera completamente reducido a la categoría de medio.

95. *Discurso a la Unión Cristiana de Jefes de Empresa de Italia*, 31 de enero de 1952. La misma idea se encuentra en el *Radiomensaje de Navidad* 1956: «Quien busca verdaderamente la libertad y la seguridad debe devolver la sociedad a su verdadero y supremo Autor, convenciéndose de que sólo el concepto de sociedad que deriva de Dios lo protege en sus más importantes empresas. El ateísmo teórico o incluso práctico de quienes idolatran la tecnología y el proceso mecánico de los acontecimientos terminan necesariamente por convertirse en enemigos de la verdadera libertad humana, ya que tratan al hombre como a cosas inanimadas en un laboratorio». *Radiomensaje de Navidad*, 23 de diciembre de 1956.

En pocas palabras, será prácticamente imposible advertir el valor que por sí misma tiene la persona si previamente se ha dejado de reconocer la existencia de bienes de carácter espiritual y cesado al mismo tiempo de anhelar cualquier objeto de conocimiento que esté por encima del hombre mismo. Y si nada se admite por encima de él, las fuerzas que mueven y determinan el devenir de las sociedades, que son las personas singulares y las instituciones políticas que detentan el poder, difícilmente será posible resistir la tentación de disponer de los hombres como medios. Es cierto que esta tentación nunca ha estado ausente en la historia de la humanidad ni lo estuvo tampoco en el marco de la cultura cristiana; pero la novedad de este momento histórico consiste en que parece haber sido justificado por el propio sistema moral y de organización social, precisamente cuando se intenta instalar un máximo respeto por la persona humana y sus derechos básicos.

Para ser fiel con la Revelación, es necesario rehuir de toda dialéctica que enfrente al espíritu con la materia o al cuerpo con el espíritu. Por este camino, necesariamente quedará impedido realizar la debida síntesis entre técnica y "vida del espíritu" o, por así decir, entre el hombre que en cuanto animal racional es señor de lo creado y *faber* por naturaleza, con el hombre en cuanto ser esencialmente espiritual y libre. Por más esfuerzos que hagan, el hombre jamás podrá desasirse de estar urgido por su supervivencia ni de sus necesidades materiales, pero tampoco puede sacudirse de su natural ímpetu por conocer y dominar los secretos del universo, lo cual consiste además propiamente en un mandato divino. Y yendo aún más lejos, también puede afirmarse que, precisamente porque el hombre es "corona de la creación", la humanidad en su conjunto tiene el deber de *manifestar lo más plenamente posible su poder*, tanto ante sí misma como también ante Dios, e incluso, por así decir, ante la naturaleza misma. Pero al mismo tiempo, no puede abandonar su condición espiritual, pues es precisamente gracias a su espíritu que es el señor de la naturaleza, y por él es que puede *elevarla*. Y esto es así dado que el hombre por hallarse sustancialmente unido a un cuerpo, su desarrollo y perfección ha de ocurrir *en* y *a través* del cuerpo, y no *a pesar* de este[96]. Ni olvido de la primacía de lo espiritual causado por su dedicación al dominio material del mundo y a los fines políticos, ni desprecio por el dominio científico y técnico del mundo material ni por los negocios humanos en general: sólo a través de la síntesis de ambas dimensiones y en la unidad de orden que se debe establecer entre ellas, será posible abordar la reflexión filosófica y teológica sobre de la técnica. Esto, si lo que se pretende aún sea iluminar su verdadero sentido y riqueza, y develar *el rostro humano* que aquella debe tener, de modo que no solo no pase a llevar la

---

96. Esta doctrina –palabras, más, palabras, menos– es la que siempre ha sostenido el magisterio de la Iglesia. En Santo Tomás de Aquino, sin embargo, la encontramos expresada con particular claridad y elocuencia. Valga quizás considerar la referencia completa: «(el orden de las substancias o inteligencias separadas se completa en) el alma humana, que tiene el último grado entre las substancias intelectuales. Por lo que su intelecto posible se relaciona con las formas inteligibles, tal como la materia prima –que tiene el último grado entre los seres sensibles– [se relaciona] con las formas sensibles, como dice el Comentador en el tercer libro *Sobre el alma*. Y así, el Filósofo la compara con una tabla, en la cual nada hay escrito. Y a causa de esto, entre las demás substancias intelectuales es la que tiene más de potencia [y menos de acto]; por eso se hace tan cercana a las cosas materiales a un punto tal que lo material es atraído a participar de su ser, de tal suerte que, a partir del alma y del cuerpo, surge un ser en un único compuesto, aunque aquel ser, en cuanto es del alma, no es dependiente del cuerpo. Por lo cual, después de esta forma llamada alma, se encuentran otras formas que tienen más potencia y más cercanía con la materia a un punto tal que el ser de ellas no existe sin la materia. Hay entre ellas un orden y grado hasta [llegar a] las primeras formas de los elementos, que son las más cercanas a la materia; por eso no tienen ninguna operación a no ser según la exigencia de las cualidades activas y pasivas, y de otras, en las cuales la materia se dispone a la forma», *Sobre el ente y la esencia*, cap. IV.

dignidad personal, sino que también sirva de apoyo para su verdadero crecimiento[97].

A modo de cierre, nos servimos del siguiente pasaje de nuestro pontífice, en el que en unas pocas líneas y con la misma elocuencia ya exhibida, parece sintetizar buena parte de los tópicos que hemos pretendido abordar.

No, queridos hijos. La supremacía del espíritu no requiere la renuncia a la prosperidad, ni la contención del impulso técnico hacia un progreso cada vez mayor; pero, por un lado, sugiere sabiamente no confiar la felicidad de la vida presente a la abundancia de bienes materiales; mientras que, por otro lado, advierte contra el dejar que se dominen las leyes y el curso del progreso técnico para que éste se transforme en un tirano irracional e inhumano[98].

97. Denis de ROUGEMONT ha explicado también el punto con precisión y con similar elocuencia: «El espíritu, la individualidad del hombre, es buena y eminente; pero la materia también es buena, y en ella se encuentran por doquier vestigios y pistas del Dios trascendente. ¿Puede tomarse como objetivo de la individualidad el desligarse lo más posible de este mundo? Por otro lado, ¿la dedicación al mundo concreto y al decurso de las sociedades en las que el hombre se encuentra inserto, suponen el olvido de la individualidad y la trascendencia del espíritu? La tensión occidental se basa en que la respuesta a estas dos preguntas es negativa». *La aventura occidental del hombre*, p. 23.

98. *Radiomensaje al finalizar la misión realizada en Milán, 24 de noviembre de 1957.*

Conclusiones

1. Vigencia del diagnóstico de Pío XII sobre la tecnología

La primera conclusión que se impone es el hecho de que el proceso espiritual, cultural y social, analizado y develado por Pío XII aún está en curso. Incluso teniendo en cuenta los cambios tecnológicos y de toda índole ocurridos desde su muerte, en 1958, hasta los tiempos presentes, su diagnóstico continúa vigente. Esto se puede verificar con facilidad si se considera que la presencia de la tecnología no ha hecho sino incrementar y otro tanto puede decirse de la dependencia que ha adquirido el hombre contemporáneo frente a ella. Y desde el punto de vista antropológico, la misma vigencia se verifica de las consecuencias señaladas entonces por Pío XII. Hasta tal punto la tecnificación de la vida ha dejado de ser realmente un problema en el sentido espiritual del término, que ahora solo sigue siéndolo en relación con las secuelas psicológicas que suele dejar la incesante ocupación laboral de las tecnologías, y su uso general desproporcionado y adictivo.

Pero el hecho manifiesto de que el estado de cosas de la cultura occidental y del mundo entero desde entonces haya evolucionado de manera significativa en múltiples ámbitos, hace necesario realizar nuevas consideraciones. Por ejemplo, si acaso la mentalidad tecnológica ha llegado o no a manifestarse más o menos explícitamente como la cosmovisión predominante, y aceptada además por la gran mayoría de las sociedades, al menos las occidentales y las occidentalizadas. Y en caso de que así fuera, si esta mentalidad se hubiese visto enfrentada a alguna otra cosmovisión sobreviviente, como el caso de la misma fe cristiana, o si debió llegar a compartir su importancia con otras ideologías nuevas.

En segundo lugar, también sería necesario analizar las modificaciones culturales y antropológicas presentes en las generaciones nuevas, que hubiesen ya nacido en un mundo en que predomine la mentalidad tecnológica. Se trataría de generaciones que no habrían presenciado el cambio de época y que, por tanto, su conexión con la tradición y los valores espirituales universales típicos de Occidente sería más bien accidental, o solo se haría efectiva en grupos marginales. Al difuminarse progresivamente la posibilidad de contrastar la mentalidad dominante con cualquier otra, pareciera que el único camino posible consistiría en que la humanidad, amparada en la tecnología e "inspirada" por la mentalidad tecnológica, y habiendo sacado ya todas las conclusiones posibles de las premisas, acabara más o menos conscientemente *esperándolo todo* de su propia capacidad e iniciativa, tanto la solución a sus sufrimientos físicos como a la supresión de todo tipo de injusticias y del mal moral en general, todo lo cual con bastante claridad parece estar ocurriendo. Y como no podría ser de otra manera, el último gran combate de una humanidad así configurada será el que hayas de librarse contra la misma muerte.

Es de notar que Pío XII no alcanzó a presenciar la inédita efervescencia cultural y política de la década del 60, cuyo empuje contestatario, en lo que tenía de crítico con el sistema económico y tecnológico vigente, permitía suponer una inspiración en valores que no provenían de las ideologías clásicas, pero que tampoco tenían su origen la mentalidad tecnológica denunciada por Pío XII. Como ha explicado Del Noce, la tendencia de este movimiento –hasta donde así puede llamársele– fue a combatir la deshumanización tanto de las sociedades marxistas como de las «opulentas»[1]. A pesar de que el movimiento poseía una veta iconoclasta y se concebía dialécticamente respecto de valores recibidos de la tradición, exhibió una relativa fecundidad cultural, aunque en estricto rigor esta debe atribuírsele más bien la generación globalmente considerada que al movimiento en cuanto tal. Pero lo cierto es que este careció de una inspiración bien delineada y unitaria y, a la larga, no dejó ningún tipo de metarrelato que diera unidad al proceso, salvo el hecho de la "contestación" misma, como la llama el mismo Del Noce –rebeldía que a la larga acabó también transformándose en un producto de consumo–. De cualquier manera, tal unidad era muy improbable dada la heterogeneidad de sus fines.

Pero sucedió que con el correr la década del 70 se produjo una creciente contracción del interés por la cosa pública, característico de los 60: las motivaciones humanas capaces de despertar energías y nobles propósitos aparentaron diluirse, considerando que tendían a reducirse o difuminarse los de carácter religioso y nacionalista, la última de las cuales que hasta no hacía tanto, al menos hasta la Segunda Guerra Mundial, habían operado como sucedáneos de la religión. Pareció así no quedarle a la cultura occidental otro remedio que volcarse hacia intereses puramente individuales, lo que, hasta donde es posible colegir, no era sino la conclusión natural de una sociedad organizada en torno al bienestar y al consumo. «Únicamente la esfera privada parece salir victoriosa de ese

---

1. «No quieren pertenecer a este sistema en calidad de instrumentos –dice el autor italiano–, cosa que sucedería necesariamente, ya que la sociedad del bienestar no conoce otra cosa que los instrumentos». DEL NOCE, *Agonía de la sociedad opulenta*, p. 46.

maremoto apático –observaba Lipovetsky ya en 1983–; cuidar la salud, preservar la situación material, desprenderse de los "complejos", esperar las vacaciones: vivir sin ideal, sin objetivos trascendentes resulta posible»[2]

2. Empobrecimiento espiritual, infecundidad cultural y relegación de los valores universales

Atendiendo la lógica del proceso recién descrito, puede colegirse lo siguiente: la mentalidad tecnológica sencillamente había dado el paso siguiente. La "era del vacío" percibida por Lipovetsky es perfectamente coherente con ella, y viene a ser como la consecuencia natural. Cabría pensar que una tal era del vacío tuviera un carácter nihilista, pero no sería exacto: nihilista podría decirse más bien de la sociedad europea desde más o menos la segunda década del siglo XX en adelante, cuyo resultado más reconocible fueron los totalitarismos fascistas, pero que puede encontrarse también en las artes en general –y de manera muy evidente, en las vanguardias– y en las nuevas costumbres. En realidad, existe una considerable distancia entre este *ethos* desesperado y destructivo, pero también lleno de energía y de una descontrolada magnanimidad, con el tipo humano característico de nuestra época, devoto del consumo y extrañado de finalidades existenciales.

Con todo, la mentalidad tecnológica se encuentra plenamente presente en la cultura occidental. Quizás la mayor novedad consista en que la última orientación vital posible que parecía quedar, a saber, aquella según la cual la vida humana con sus diversos dramas y dificultades pueden ser abordadas y resueltas a partir de la síntesis entre conocimiento científico y aplicación

---

2. Lipovetsky, *La era del vacío*, p. 51.

técnica –economía incluida–, se hizo más explícita. Junto con el hecho de que, en general, las naciones vivían un proceso de creciente democratización, se terminó también por imponer el ideal de que la sociedad del bienestar y del consumo realmente debía llegar a todos. Además de las necesidades humanas básicas, muchas otras de carácter secundario, insertables sin problema en una concepción más o menos razonable del bien común, podían ahora comprenderse dentro de los márgenes de la mentalidad tecnológica, ya fuese en su versión comunista, social demócrata o liberal de derechas.

Considerando lo anterior, no debiera sorprender que aquel materialismo inherente a la mentalidad tecnológica, totalmente desconocedor de cualquier realidad espiritual que la trascienda, y a las que el hombre pudiese aspirar buscando su elevación y perfección, hubiese trocado en un "materialismo consumista", postura que, en último término, se dirige en su globalidad a la consecución de todo tipo de placeres y experiencias novedosas y pasajeras, en buena medida posibilitadas por la misma tecnología.

Los procesos más profundos de la historia, aunque permanecen ocultos tras el curso de los hechos más inmediatos a la experiencia, necesariamente condicionan el marco en el que se desenvuelve la vida social y la dirección que esta lleva, y tarde o temprano vienen a parar en consecuencias edificantes o degradantes para la vida interior de las personas. Ciencia, tecnología, planificación, eficiencia y resultados, por una parte; por otra, organización social y política dirigidas a asegurar la satisfacción de necesidades tanto básicas como secundarias, para propiciar luego como derecho un goce general, de carácter atomizado, ocultamente pesimista, y carente de un *propósito* verdaderamente humano. Como sustento del sistema, el libre mercado y la lógica del consumo, que operan operan, respectivamente, como medio y como fin. Así podría quizás describirse el *ethos* de la sociedad tecnológica.

Que este dinamismo sea el más representativo de la época se puede ver refrendado por el hecho de que la mentalidad tecnológica es también capaz de subsumir en su lógica a otras realidades fundamentales de la vida social, como la familia, la política, la preocupación genuina por los semejantes y el bien de la comunidad en general, como también al arte y al goce estético. Como se puede aventurar, una sociedad de esta índole no puede tender sino a la anulación de la vida del espíritu y, por consiguiente, de la verdadera libertad, que solo se despliega y desarrolla en el ámbito de aquel. En otras palabras, puede afirmarse que la cultura occidental ha venido a parar en la *irrelevancia de las actividades del espíritu,* hecho que,, no obstante, es perfectamente compatible con un desarrollo tecnológico, científico-médico y procedimental verdaderamente admirable. El mismo Pío XII en su época daba ya cuenta del fenómeno: llevados los hombres de un lugar a otro por las continuas novedades, argumentaba el pontífice, "tienden a convertirse en la vida como una caña sacudida por el viento, estéril de obras perennes e incapaz de sostenerse a sí misma y a los demás"[3].

Porque pareciera ser que si todo ha de ser alcanzado a través de procedimientos probados y de una planificación orientada al logro de resultados concretos y previstos, no quedará directamente involucrado lo más radical de la libertad humana o, al menos, no será ella considerada como protagonista relevante, sino que tan solo como un "factor" entre otros que, incluso, pudiera en determinado momento llegar a transformarse en un verdadero *escollo* para el sistema, particularmente difícil de remover. Cuando así ocurriera, surgiría la necesidad de someterla e integrarla operativamente en el sistema. En el mejor de los casos, la libertad podrá ser concebida como un elemento cooperador de la planificación, aunque esta,

---

3. *Radiomensaje de Navidad,* 22 de diciembre de 1957.

por su propia naturaleza, solo pueda orientarse a la consecución de resultados observables y medibles, y entre ellos –era que no–, la ampliación de las posibilidades de acceso a los bienes de consumo. Evidentemente, la dimensión libre del hombre no puede realmente ser suprimida, cuestión que no escapa al sentido común; pero en la práctica, y como de hecho ocurre en nuestros días, sí puede quedar gravemente reducida al mero acto del "preferir", que apenas se eleva por encima de los gustos y sentimientos propios y que reproduce una y otra vez la lógica del "¿whisky o ginebra?" En otras palabras, la libertad queda limitada a poco más que su capacidad de consumo. Sin embargo, huelga decir que la libertad del hombre cobra su sentido más pleno en realidades bastante más empinadas que aquellas y que, en su más alta versión supone una conquista interior y en una capacidad ganada para el don de sí, cuya plena adquisición a cuyo logro hasta podría considerarse como el fin último de la sociedad («Para ser libres nos liberó Cristo», se lee en *Gál.* 1, 5).

Bien mirada, una cultura así configurada será necesariamente opresiva. Este adjetivo se le puede dar con toda propiedad a un estado de cosas tal que, como se ha mencionado, impide la vida del espíritu tanto natural como sobrenatural, precisamente los ámbitos en que el hombre puede desplegar más libremente sus virtualidades. Y podría incluso afirmarse que, a fin de cuentas, tal opresión no es sino una consecuencia natural de haberse rendido y entregado al sistema tecnocrático. Al mismo tiempo en que este sistema tiende a suprimir lo más noble del hombre, se presenta como capaz de asegurar la supervivencia humana y promete saciar multitud de deseos amparado en el poder científico y tecnológico que puede exhibir. La sociedad tecnológica, decía Pío XII en el fragmento del *Radiomensaje de Navidad* de 1953 analizado al final del segundo capítulo, se presenta como "un panorama que alucina y acaba por encerrar al hombre, demasiado crédulo, en la inmensidad y en la omnipotencia de la técnica, en una prisión, que es ciertamente vasta, pero circunscrita y, por tanto, a la larga, insoportable a su genuino espíritu[4].

4. *Radiomensaje de Navidad*, 24 de diciembre de 1953. Es difícil aquí no traer a colación las inspiradas palabras pronunciadas por el papa Pablo VI en 1971, y que parecen resumir buena parte de las enseñanzas de Pío XII sobre la materia, y que además viene a graficar la continuidad de la preocupación por estos temas de parte de los pontífices. «Para nosotros –dice Pablo VI–, no es solo la edad lo que cambia, también cambia el mundo en el que vivimos y eso nos estimula, impresiona e involucra de maneras cada vez más nuevas y cada vez más grandes. Continuamente se nos insta a prestar atención a las cosas externas. No tenemos un solo minuto de paz. El estímulo más frecuente y exigente lo constituye el entorno en el que transcurre nuestro día ajetreado y atareado, que nos lleva a un estado psicológico de continua extroversión. En nosotros, cada vez con más insistencia, prevalece una doble exigencia sensible: escuchar y ver. Nuestra civilización se está convirtiendo, como dicen hoy, en una civilización de sonidos e imágenes. La pantalla de nuestra psicología está continuamente ocupada por los sentidos, que proporcionan a la inteligencia un material a elaborar siempre nuevo, o mejor dicho, que la ayudan con sus voces y sus esquemas. De esta manera, nuestra vida tiende a desenvolverse en la esfera sensible, y a encontrar en ella su alimento y empobrecimiento., casi imperceptiblemente, se vuelve naturalista y positivista. El hombre Se acostumbra a este conocimiento concreto, inmediato y seguro, y no busca otro. Este es el paradigma del hombre común de hoy. Su formación y su cultura están a este nivel, en el mundo de la experiencia sensible. ¿Es necesario ir más alto? Sí, pero casi siempre por la escalera que experimentan los sentidos, especialmente con la escalera cuantitativa, que es la más utilizada en el ámbito científico. Luego viene la tentación de decir: esto es todo. ¿Es necesario elevar el pensamiento, buscar la razón de las cosas, cómo son y por qué son, indagar la verdad, el principio, la causa trascendente, hay que buscar el amor? ¿El fin secreto de las cosas? En este punto, el hombre se ve atormentado por dos tendencias contrarias: una, la gravitación, el miedo, especialmente la pereza, que lo tienta a permanecer en el ámbito experimental y sensible y a contentarse con él, donde formó su residencia habitual y natural, lo detiene; la otra tendencia, también natural, o mejor, más profundamente natural, una tendencia hacia la levitación, hacia la búsqueda superior, hacia el esfuerzo trascendente, que lo invita a ascender». PABLO VI, *Catequesis en la Audiencia General*, 1 de diciembre de 1971.

3. Olvido del carácter *finalístico* de la vida humana y pérdida del interés o "superación" por la cuestión del sentido

Que exista una era a la que se le pueda llamar "tecnológica" es prácticamente lo mismo que se la nombrara como "era de los medios", es decir, la de su superabundancia y continuo perfeccionamiento, en la que la capacidad humana de "disponer" —el efecto propio de la técnica, según la expresión de Heidegger— se ensancha constantemente. Pero, bien mirado, el hecho de que "los medios" definan a una época y cultura carece realmente de sentido.

Es sabido que un principio vital del hombre lo constituye el hecho que su vida consista en actos procedentes de la razón práctica, con la que se propone fines a sí mismo y discurre luego sobre los mejores medios para conseguirlos, teniendo como último horizonte su propio bien integral. Además, por su carácter de *faber*, el hombre transforma y usa la realidad que lo circunda, tarea impensable si no se propusiese fines ni se decidiera a conseguir lo que se propone, deliberando acerca de los medios más idóneos para alcanzarlos. Es evidente entonces que la actividad técnica del hombre y el uso de sus invenciones necesariamente se adscribe al orden de los medios, sin poder jamás superar su *valor relativo*, y tampoco siéndole posible pertenecer a la categoría de *praxis teleia*, aquellos actos que según Aristóteles "poseen en sí mismos su fin". Y aún más, la noción misma de instrumento ni siquiera es inteligible si no estuviese referida un término distinto de sí mismo. En síntesis, la dirección natural hacia la cual tiende toda la relación de los hombres con los medios que produce, no puede ser sino la de progresar en su vida desde el punto de vista material y despejar los problemas más urgentes, para intentar remontarse luego hacia fines superiores o espirituales, y que en cuanto tales son por naturaleza libres, "efusivos" y se buscan por sí mismos. Algo muy parecido se encuentra en el inicio de la Metafísica cuando desde una perspectiva que podría llamarse "cultural", Aristóteles recuerda que el origen histórico de los saberes propiamente teóricos tuvo lugar una vez que el nivel de la técnica y el de una organización política ya gozaban de un cierto nivel suficiente de desarrollo[5].

Siguiendo este camino, surge la pregunta: ¿Qué sucedería con la vida humana desde el punto de vista existencial una vez que, en la práctica, el hombre se viese atrapado en la red de los medios y procedimientos, y que, al mismo tiempo en que se hubiese hecho experto en la manipulación de un sinfín de artefactos y tecnologías hubiese perdido toda referencia teleológica? Es cierto que el hombre no puede operar si no es en vista de fines, pero en la "sociedad tecnológica" se puede ver con frecuencia que aquellos se determinan sin una debida conciencia de su naturaleza de fines, y sin una reflexión adecuada que permitiese jerarquizarlos y orientarlos vitalmente de modo unitario. O, lo que es lo mismo, sin haberlos pensado ni propiamente elegido. Estar atrapado en la tecnología, en el extremadamente sofisticado *reino de los medios* del mundo contemporáneo, querrá decir que una parte importante de la vida necesariamente se le irá al hombre en operar instrumentos, sin llegar a percibir con una suficiente lucidez *los fines humanos* por los que los realiza. De ser así, no tendrá realmente posibilidad de que su vida se vea conectada con alguna concepción integral del hom-

---

5. «Es, pues, natural que quien en los primeros tiempos inventó un arte cualquiera, separado de las sensaciones comunes, fuese admirado por los hombres, no sólo por la utilidad de alguno de los quince inventos, sino como sabio y diferente de los otros, y que, al inventarse muchas artes, orientadas unas a las necesidades de la vida y otras a lo que la adorna, siempre fuesen considerados más sabios los inventores de éstas que los de aquéllas, porque sus ciencias no buscaban la utilidad. De aquí que, constituidas ya todas estas artes, fueran descubiertas las ciencias que no se ordenan al placer ni a lo necesario; y lo fueron primero en los países donde los hombres gozaban de ocio. Por eso las artes matemáticas nacieron en Egipto, pues allí disfrutaba de ocio la casta sacerdotal». ARISTÓTELES, *Metafísica* I, 1. 981b.

bre y de su destino o, por lo menos, con ninguna que se plantee con un mínimo de seriedad las cuestiones últimas, o que afirme al menos tanto la existencia como la primacía de la dimensión espiritual del ser humano. Para decirlo de alguna manera, un hombre inserto en esta lógica *no habrá tenido oportunidad todavía de atender realmente al problema de los fines humanos y del sentido último de sus acciones*. Se trata de la misma idea que el papa Francisco ha expresado en *Laudato sì*: «La vida pasa a ser un abandonarse a las circunstancias condicionadas por la técnica, entendida como el principal recurso para interpretar la existencia»[6].

Más allá de las apariencias, una dinámica de este tipo no puede sino acabar en tendencias sociales deshumanizantes. La incomprensión del carácter teleológico de la actuación humana, esto es, la inconsideración de la vida humana vista en su conjunto y de la cuestión de sentido, tendrá como inmediata consecuencia la propagación de modos de vida irracionales. De cierto modo, se ha dado un paso más en el camino del sinsentido: el hombre actual, puesto en el trance de pensar, *parece no comprender ya la noción misma de sentido y, por lo tanto, ha dejado también de requerirla*. Si esta le fuera propuesta, supondría el tener que hacerse cargo de algo que percibe como ya "superado" o que en realidad no es cuestión. Y extremando aún más las cosas, ¿sería posible acaso que se llegase al punto de que el hecho mismo de plantearse el problema del sentido, que su misma búsqueda se considerase *indeseable*, como una actitud vital eventualmente incompatible con las categorías éticas y antropológicas al uso? Matices más, matices menos, se trata de un modo de vida ya instalado en la sociedad actual, y característico incluso en los países más desarrollados, pero que seminalmente había hecho ya su aparición en tiempos de Pío XII, y se podía percibir en ella una mentalidad distinta a las dos visiones

6. *Laudato sì*, 2015, 110.

más reconocibles de entonces, la "existencialista" y la comunista. Más pronto que tarde, y tal como el mismo pontífice lo predijo, ambas terminarían siendo superadas por mentalidad tecnológica[7]. No será de extrañar que un hombre instalado en una estructura como la descrita fuese particularmente susceptible de sufrir múltiples angustias, o por lo menos de una desorientación vital de tal hondura que la posibilidad misma de escapar de la inercia se hubiese hecho casi imposible. Y cabe aquí preguntarse: en un futuro no muy lejano, ¿quedará aún alguien realmente capaz –o que se atreva, incluso– a salirse del *ethos* de la sociedad tecnológica y del consumo?

Y todavía desde la perspectiva de la razón natural, la pregunta podría plantearse también del siguiente modo: ¿ha quedado para el hombre de estos tiempos *por principio cerrado* el camino hacia los bienes humanos superiores o espirituales? ¿Existe aún la posibilidad de que la inteligencia y el corazón humanos conserven abierto su acceso hacia Dios, su última meta? Es a este estado de cosas al que parece conducir el que podría denominarse "reino de los medios", es decir, de gran poder y capaz de ilimitadas posibilidades de acción, pero al mismo tiempo carente de metas espirituales verdaderamente relevantes, y sin que la cuestión misma de la finalidad se plantee. En pocas palabras, el *reino de los medios* consiste en una sociedad tan poderosa como infecunda desde el punto de vista espiritual, con la excepción de la capacidad de suscitar medios y procedimientos nuevos y perfeccionados, para lo que el hombre de esta época ha mostrado una creatividad realmente admirable.

---

7. El análisis de Pío XII respecto de estas tres formas contemporáneas de enfrentar la vida, en *Radiomensaje de Navidad*, 24 de diciembre de 1955.

4. El tiempo libre como sucedáneo de la vida del espíritu

Como todo acción humana de naturaleza *poiética,* el uso de tecnología implica un tipo *obrar orientado a la producción,* que en muchos casos costará esfuerzo y tiempo el llevarlas a cabo. En otras palabras, puede requerir un gran esfuerzo y tiempo el operar una serie de medios necesarios para lograr que se ejecuten determinadas tecnologías –es decir, medios– particularmente complejos. En este sentido la operación de aquellas pudiera parecer en sí mismas un fin relativo.

Pero junto con la acción transeúnte productiva propiamente tal, existe también la acción transeúnte de tipo *lúdico,* el juego, que si bien comporta naturalmente algún tipo de labor o actividad productiva, solo oblicuamente se persiguen los resultados. La *ocupación recreativa* es un modo de utilizar el tiempo libre, esto es, libre del trabajo, aunque exteriormente lo parezca, y debe por ello adscribirse al tiempo vital del *descanso.* Pero este, ya físico, y aun recreativo o lúdico, nunca podrá tener el carácter de fin. El otro tipo de tiempo libre del que goza el ser humano es el tiempo de *ocio,* cuyo sentido propio es la actividad contemplativa y no transeúnte; que en sí misma es fin, y que no es productiva. En otras palabras, aquel tiempo durante el cual el hombre cultiva su espíritu y nutre al "hombre interior", y en el cual, además, acontece el proceso creativo. Se trata entonces, del tiempo vital que se encuentra más lejos de catalogarse como medio y en el que de modo más natural pueden realizarse los *praxis teleia.*

De esta manera, así como la complejidad de los usos de la tecnología tiende a provocar, por su propia lógica intrínseca, que el hombre no considere debidamente *los bienes humanos* que se persiguen, del mismo modo puede suceder con el tiempo libre de descanso y recreación, que tampoco puede tener razón de fin. ¿Sería entonces posible también aquí "perderse" o "enredarse" en los medios? No debe olvidarse hasta qué punto la liberación del tiempo constituyó una meta conscientemente perseguida por la sociedad tecnológica, y que fue lograda en un grado significativo: puede considerarse, en verdad, como un "subproducto de la técnica" [8]. Pero desde la perspectiva de la lógica tecnocrática, ¿cuál podría ser el verdadero sentido? No se trata tan solo de un efecto accidental al perfeccionamiento técnico, sino de algo inherente a ella, puesto que la ganancia de tiempo y el ahorro de esfuerzo está siempre en el horizonte del hombre cuando transforma la naturaleza en orden a sus propios fines. Es cierto que se había logrado que un gran número de personas sobre todo de la clase trabajadora, accediera a un tipo de vida previamente reservado tan solo para las clases superiores −clase "ociosa", como se le llama también−; pero se había creado al mismo tiempo un problema nuevo: el sinsentido o la infecundidad de una sociedad que, por haber perdido en gran medida la sensibilidad para buscar y vivir los bienes espirituales, es decir, los de carácter gratuito y que constituyen un fin en sí mismos, se hacía ahora incapaz precisamente de darle un sentido al tiempo libre en general: el descanso y la recreación se volvieron fines, la necesidad de diversión perdió toda medida y acabó por transformarse en *algo serio*, y aunque la tendencia desde los años 60 en adelante fue a que el tiempo libre aumentara desde el punto de vista cuantitativo, en el sentido subjetivo disminuyó, en la misma proporción en que se incrementaba significativamente la oferta de diversiones. Y sobre todo en nuestro días, parece generalizarse la sensación de que una vida no es tiempo suficiente para divertirse −¡descansar a fin de cuentas!− todo lo que se quisiera y pudiera.

En síntesis la mentalidad tecnológica, en parte causa, en parte efecto de la desaparición de la vida del espíritu, ha hecho confuso la vivencia normal de los tiempos humanos. Eclipsado el sentido

---

8. ROUGEMONT, *La aventura occidental del hombre*, p. 151.

y primacía del *tiempo de ocio*, se perdió también de vista tanto el sentido del *tiempo de trabajo* como del de *descanso* y, paradojal y contradictoriamente, ambos han quedado absolutizados. El del *trabajo*, porque la mentalidad tecnológica y el orden tecnocrático no pueden sino operar en términos de resultados y eficiencia, por lo que no puede concebir ninguna instancia y ningún actor fuera de su lógica: en sentido estricto, *no sabe hacer otra cosa*. Como correlato de esta lógica, se sigue el peligro de perder de vista el sentido global de su actividad y la verdadera finalidad en el orden humano de los procedimientos a los que se dedica y en los que se desgasta. También puede suceder que se difumine el sentido mismo de su oficio, hasta el punto en que, al margen de la necesidad de ganar dinero, la propia labor se le termine haciendo incomprensible.

Y el *tiempo de descanso*, que por su propia naturaleza se ordena a hacer posible para el hombre el tiempo del trabajo, queda absolutizado al menos en el sentido en que, cerrada la vía a buscar, disfrutar y comunicar los bienes superiores del espíritu –vale decir, del *ocio*–, se espera que sea la diversión la que los entregue y que haga las veces de contrapeso *total* a la despersonalización del mundo del trabajo –que la multitud de "buenas prácticas" y códigos éticos empresariales no pueden ocultar del todo–. Naturalmente el descanso recreativo no puede para cumplir esta tarea, como del mismo modo es impotente para dotar de sentido a la existencia.

5. Eclipse de Dios y de la dimensión religiosa natural

Nada más plantearse la pregunta sobre el sentido de la vida y el lugar en que se sitúa a Dios en la vida moderna, de inmediato se deja ver cuán extendida y profunda es la crisis religiosa actual, con toda seguridad mayor a la existente en 1958, año de la muerte del pontífice. Este verdadero "eclipse de Dios" ha sido consignado por autores provenientes de distintos saberes y adscritos a diversas ideologías; no pocos darán incluso la cuestión de Dios por superada o, cuanto más, se interesarán por ella únicamente desde un punto de vista histórico o sociológico.

Este fenómeno puede ilustrarse examinando la búsqueda espiritual del hombre occidental a partir más o menos de la segunda mitad del siglo XX. Desde entonces, parece haber estado rastreando alguna verdad de la que asirse en medio de una multitud de religiones y diversas "filosofías de vida", libros de autoayuda, esoterismo y prácticas espirituales de toda índole, muchas de ellas ajenas a la propia Cultura Occidental, hecho que confirma al mismo tiempo la creciente esterilidad religiosa a la que esta ha llegado. Además, muchas de estas visiones suelen por lo general recibirse y aceptarse "al modo del recipiente" y no según su forma original: a pesar de que la búsqueda espiritual tiene su origen en una genuina y natural necesidad humana, el fenómeno se parece más a la búsqueda de un "producto" adecuado a las preferencias del "consumidor", lo que en buena medida viene a reforzar que también la dimensión religiosa la vida del espíritu ha sido reducida a la categoría de medio y subsumida en la lógica del consumo.

Pero buena parte de todo este estado de cosas es una reacción natural del hombre a lo que Martin Buber ya en 1952 había llamado "el eclipse de Dios"[9], que el mundo viene experimentando más o menos desde entonces, y que con el paso del tiempo no ha hecho sino acrecentarse. Como se apuntó en el primer capítulo, Augusto Del Noce creía ver que al proceso de eclipse de lo divino y de la

---

9. Martin BUBER, *El eclipse de Dios,* Salamanca, Sígueme, 2003.

pregunta por el sentido, característico de la sociedad tecnológica, subyace un ateísmo todavía más radical, si cabe, que el de cuño marxista, al rechazar de este «los aspectos revolucionario-mesiánicos, es decir, lo que queda de religioso en la idea revolucionaria»[10]. En la misma medida en que estos principios se asienten en la cultura, naturalmente, la pregunta sobre Dios irá haciéndose cada vez más irrelevante.

De esta manera, y no obstante la connaturalidad existente entre el mensaje cristiano y los anhelos más profundos del ser humano, la fe cristiana, al menos para el "hombre promedio" de nuestra cultura –de existir algo semejante–, parece haber llegado a ser finalmente una cosa incomprensible, pues son precisamente tales anhelos espirituales los que no alcanzan a percibirse existencialmente como tales. De este manera, también la fe cristiana, o más bien la falsa imagen que se tiene de ella, ha acabado también bajo las categorías en que se subsume a todo el resto de las "ofertas espirituales", a saber, reducida a una ética u "opción de vida", algo "extemporánea" y "superada" quizás, pero todavía legítima. Y al igual que a toda otra religión o filosofía de vida, se tenderá a comprenderla como un conjunto de prácticas orientadas a satisfacer aquel supuesto requerimiento psicológico, tan insistentemente invocado, según el cual "el hombre necesita creer en algo", y esto, en otras palabras, no viene sino a significar que la fe y aún el mismo Dios se han llegado a concebir de manera instrumental. A pesar de que el concepto de Dios se sigue empleando con frecuencia y que un porcentaje mayoritario de personas afirma creer en su existencia –como usualmente lo revelan las encuestas–, cada día parece crecer la dificultad para comprender el carácter personal de Dios y la naturaleza de varios otros de sus atributos. En suma, se trata

10. Del Noce, *Agonía de la sociedad opulenta*, pp. 25 y 26.

de un estado de cosas en que el ateísmo práctico ha llegado a ser la
actitud predominante[11].

11. A continuación, se ofrecen siete referencias particularmente ilustra-
tivas de autores de distintas épocas del siglo XX y principios del XXI –todos
católicos, a excepción de LIPOVETSKY–, cuyo diagnóstico respecto del eclipse
de Dios coincide bastante con lo que se ha intentado describir, y resalta, en
el caso de los autores más antiguos, lo agudas y proféticas de sus observaciones: i, en 1929, la Mentalidad moderna se caracteriza no ya por suplantar la
religión como los nacionalismos o religiones seculares, ni tampoco la ataca de
frente al modo del anticlericalismo, sino que «más bien lo que hace es tornar
a la religión incomprensible. Embota la facultad de apreciación y bloquea la
entrada de la fe. En esto consiste su poder», Hilaire BELLOC *Sobrevivientes y
recién llegados*, Buenos Aires, Ediciones del Pórtico, 2004, p. 229 (el original
es de 1929); ii) El arte, economía, estudio, política, todo ha sido instrumen-
talizado, –afirmaba GUARDINI en 1950–, y de este modo se va desvaneciendo
la sensibilidad religiosa: «Advertimos una vez más que bajo esta denominación
no entendemos la fe en la Revelación cristiana ni una conducta de vida defi-
nida por esa fe, sino la aptitud natural para aprehender el contenido religioso
de las cosas; el sentirse impresionado ante el misterioso fluir del universo, tal
como se da este fenómeno en todos los pueblos y en todas las épocas», Romano GUARDINI, *El ocaso de la Edad Moderna*, Madrid, Guadarrama, 1958, pp.
129 y 130; iii) «La misma civilización moderna, no en sí misma, sino porque
está demasiado enredada en las realidades humanas, puede dificultar a veces
el acceso a Dios», Concilio Vaticano II, Constitución apostólica *Gaudium et
spes*, 1965, 19; iv) El nihilismo europeo es "todo él *indiferencia* (...). Dios ha
muerto, las grandes finalidades se apagan, pero a nadie le importa un bledo,
esta es la alegre novedad. (...). Se trata más bien de indiferencia que de la
angustia metafísica", Giles LIPOVETSKY, *La era del vacío*, Barcelona, Anagrama, 1994, pp. 36 y 37; v) «Esta es la forma más moderna de ateísmo: como
nosotros estamos (supuestamente) afectados por una finitud insuperable, *no
sabemos qué quiere decir que Dios exista*. Nos quedamos en *la pura soledad de la
existencia*», Leonardo POLO, *Presente y futuro el hombre*, Madrid, Rialp, 1993,
p. 137; vi) «Hemos pasado de una situación en que se luchaba contra Dios,
intentando desplazar a Dios del mundo de la imagen y del pensamiento, a una
nueva situación en que la cuestión de Dios simplemente no interesa», Michael
Paul GALLAGHER, «Nuevos horizontes en el desafío de la increencia», en *Revista
Humanitas*, 6, 1997, p. 295. Y más adelante: «La increencia cultural es más
una cuestión de estilo de vida que de esquema mental, y que toma la forma de

Todo este panorama del que se ha intentado dar cuenta fue percibido por Pío XII con singular claridad[12]. Juan XXIII y

ídolos alternativos de la imaginación, en vez de discursos contra Dios o contra la Iglesia», p. 306; vii) «Para el *homo indifferens* "puede que Dios no exista, pero carece de importancia y, en cualquier caso, no sentimos su ausencia". El bienestar y la cultura de la secularización provocan en las conciencias un eclipse de la necesidad y el deseo de todo lo que no es inmediato. Reducen la aspiración del hombre hacia lo trascendente a una simple necesidad subjetiva de espiritualidad y la felicidad, al bienestar material y a la satisfacción de las pulsiones sexuales» CONSEJO PONTIFICIO PARA LA CULTURA, ¿Dónde está tu Dios? La fe cristiana ante la increencia religiosa. *Documento final de la Asamblea Plenaria,* Intr., 4. Y más adelante: «El materialismo occidental orienta los comportamientos hacia la búsqueda del éxito a toda costa, la máxima ganancia, la competencia despiadada y el placer individual. A cambio, deja poco tiempo y energías para la búsqueda de algo más profundo que la satisfacción inmediata de todos los deseos y favorece así el ateísmo práctico. De este modo, en numerosos países, no son ya los prejuicios teóricos los que llevan a la increencia, sino los comportamientos concretos marcados, en la cultura dominante, por un tipo de relaciones sociales donde el interés por la búsqueda del sentido de la existencia y la experiencia de lo trascendente están como enterrados en una sociedad satisfecha de sí misma», I, 2,5.

12. Repetimos un par de referencias ya vistas y tomamos algunas otras, para graficar así de primera mano este importante punto: i) «A estos hombres de las tinieblas deseamos señalar la gran luz que irradia del pesebre, invitándoles, ante todo, a reconocer la causa actual que les ciega y les hace insensibles a las cosas divinas» (en el pasaje analizado al final del tercer capítulo), *Radiomensaje de Navidad,* 24 de diciembre de 1953; ii) «Aquí viene a la mente la expectativa de los sencillos pastores de la campiña de Belén, que, sin embargo, con su sensibilidad y disposición pueden enseñar a los orgullosos hombres del siglo XX, donde es necesario buscar lo que falta: *"Vamos, vayamos a Belén –dicen– y veamos este acontecimiento que el Señor nos ha dado a conocer"* (Lc 2, 15)», *Radiomensaje de Navidad,* 23 de diciembre de 1956. Y en el mismo discurso: «Ahora la humanidad no puede rechazar y olvidar la venida y la morada de Dios en la tierra con impunidad, porque es, en la economía de la Providencia, esencial para establecer el orden y la armonía entre el hombre y sus cosas, y entre éstas y Dios»; iv) «Ha llegado el momento de llevar la admiración del hombre moderno hacia sí mismo en las proporciones adecuadas. Templando con sabia moderación la sensación de casi embriaguez que despiertan las conquistas mo-

Paulo VI continuaron su reflexión en el surco dejado por aquel, y de modo semejante lo tuvo presente en el Concilio Vaticano II, en particular con la Constitución Apostólica *Gaudium et Spes,* en la que la cuestión de la técnica ocupó un lugar relevante en su diagnóstico acerca de "la situación de la Iglesia en el mundo actual", según reza su propio subtítulo. Pero es interesante notar que en la reflexión de Pío XII acerca de la cuestión religiosa en general y de la posibilidad de la vivencia de la fe cristiana en particular, fue abordada especialmente *a partir* de la perspectiva de la injerencia que estaba teniendo la tecnología en la cultura de su tiempo.

Naturalmente, el tratamiento que le otorga se vincula primariamente con aspectos del orden natural, propios de los ámbitos ético y social; pero puede aventurarse que en la mente de Pío XII, esta consideración no tiene solución de continuidad con las realidades humanas de orden espiritual, como la cuestión del sentido último de la existencia, de los límites del poder humano, de la vida del espíritu globalmente considerada, hasta venir a parar al hecho mismo de la Encarnación. Esto último se verifica con claridad si se toman en cuenta las repetidas veces en que, con ocasión de los *Radiomensajes de Navidad* analizó y vinculó con toda naturalidad un tópico tan terrenal como lo es el de la tecnología, con la Segunda Venida de Cristo al mundo...

Es cierto que este rasgo tan característico de su Magisterio, a saber, la capacidad de sintetizar con gran lucidez la perfecta armonía que existe entre el orden natural y el sobrenatural, entre el

---

dernas de la tecnología, conviene persuadir a los admiradores del *homo faber* de que permanecer con encanto y en un gesto de adoración ante la cuna del Niño Dios no demoraría su vida correr por los caminos del progreso, sino que lo coronaría con la plenitud del *homo sapiens*», *Radiomensaje de Navidad,* 22 de diciembre de 1957.

espíritu y la materia, y entre la dimensión social y política con la religiosa, no puede atribuírsele exclusivamente a Pío XII, pues, en estricto rigor, debiera esperarse de todo pontífice; pero no parece aventurado afirmar que en él se halla quizás modo eminente, según se ha pretendido mostrarse en estas líneas.

Bibliografía

ARISTÓTELES, *Metafísica,* Buenos Aires, Sudamericana, 2000.

— *Ética a Nicómaco,* Barcelona, Gredos, 2007.

BARRACLOUGH, Geoffrey, *Introducción a la Historia Contemporánea,* Madrid, Gredos, 1965.

BELL, David, *El advenimiento de la sociedad postindustrial,* Madrid, Alianza Universidad, 6ª ed., 2006.

BENEDICTO XVI. *Discurso a los participantes en un congreso sobre Pío XII organizado por las universidades Lateranense Gregoriana*, 8 de noviembre de 2008.

— Carta Encíclica *Caritas in Veritate,* 2009.

BERDIAEV, Nicolai, *El destino del hombre contemporáneo*, Santiago de Chile, Editorial del Nuevo Extremo, 1959.

— *Reino del Espíritu y reino del César,* Madrid, Aguilar, 3ª ed., 1964.

CAAMAÑO, José Manuel, «Pensar el paradigma tecnocrático», en *La tecnocracia,* ed. José Manuel Caamaño, Madrid, Sal Terrae, 2018, pp. 21-39.

CANALS, Francisco, «El culto al corazón de Cristo ante la problemática humana de hoy», en *Cristiandad,* 467, Barcelona, 1970, pp. 6-15.

CAMACHO, Idelfonso, *Doctrina Social de la Iglesia. Una aproximación histórica*, Madrid, San Pablo, 1991.

CÁRCEL, Vicente, *La Iglesia en la época contemporánea*, Madrid, Palabra, 2003.

Catecismo de la Iglesia Católica, 1992.

COMELLAS, José Luis, *El último cambio de siglo*, Barcelona, Ariel, 2000.

– *Historia Breve del Mundo Contemporáneo*, Madrid, Rialp, 2005.

CONSEJO PONTIFICIO JUSTICIA Y PAZ, *Compendio de la Doctrina Social de la Iglesia*, 2004.

CORTINA, Adela, «Tecnociencia y humanidades: una cooperación necesaria», en *La Tecnocracia*, ed. José Manuel Caamaño, Madrid, Sal Terrae, 2018, pp. 129-143.

COTTA, Sergio, *El hombre tolemaico*, Madrid, Rialp, 1977.

CUADRÓN, Alfonso, cord., *Manual de Doctrina social de la Iglesia*, Madrid, BAC, 1993.

CHUL HAN, Byung, *La sociedad del cansancio* Madrid, Herder, 2012.

CONSEJO PONTIFICIO PARA LA CULTURA, *¿Dónde está tu Dios? La fe cristiana ante la increencia religiosa. Documento final de la asamblea plenaria*, 2004.

DAWSON, Christopher, *Progreso y Religión*, Buenos Aires, La espiga de oro, 1943.

– *El juicio de las naciones*, Buenos Aires, Inter Americana, 1944.

DEL NOCE, Augusto, *Agonía de la sociedad opulenta*, Pamplona, Eunsa, 1979.

DÍAZ HERNÁNDEZ, Onésimo, *Historia de Europa en el siglo XX*, Pamplona, Eunsa, 2008.

FRANCISCO, Carta encíclica *Laudato sì*, 2015.

ESQUIROL, Josep M., *Los filósofos contemporáneos y la técnica. De Ortega a Sloterdijk*, Barcelona, Gedisa, 2011.

GALLAGHER, Michael, «Nuevos horizontes en el desafío de la increencia», en *Revista Humanitas*, 6, Santiago de Chile, 1997, 294-307.

GUARDINI, Romano, *El ocaso de la Edad Moderna*, Madrid, Guadarrama, 1958.

GUERRY, Emile, *La Doctrina Social de la Iglesia*, Madrid, Rialp, 2ª ed., 1961.

HAGERTY, Leo, comp., *Pius XII and Technology*, Milwaukee, The Bruce Publishing Company, 1962.

HEIDEGGER, Martin, «La época de la imagen del mundo», en *Anales de la Universidad de Chile*, 4, n°111, 1958, pp. 269-289.

–   «Serenidad», en *Revista Colombiana de Psicología*, 3, Bogotá, Universidad Nacional de Colombia, 1994, pp. 22-28.

–   «La pregunta por la técnica», en *Ciencia y técnica*, Santiago de Chile, Universitaria, 2ª ed., 1993.

HORKHEIMER, Max, *Crítica de la razón instrumental*, Madrid, Trotta, 2012, 2ª ed., 2010.

HUGHES, H. Stuart, *Historia de Europa Contemporánea*, Santiago de Chile, Editorial del Pacífico, 1966.

HURTADO, San Alberto, *El Orden Social Cristiano en los documentos de la Jerarquía Católica,* 2 vols., Santiago de Chile, Club de Lectores, 1947.

JASPERS, Karl, *Ambiente espiritual de nuestro tiempo*, Barcelona, Labor, 1933.

–   *Origen y meta de la Historia*, Madrid, Revista de Occidente, 2ª ed., 1953.

JONAS, Hans, *Técnica, medicina y ética. Sobre la práctica del principio de responsabilidad,* Barcelona, Paidós, 1997.

JUAN PABLO II, Carta Encíclica *Fides et Ratio,* 1998.

–   Carta Encíclica *Solicitudo rei sociallis,* 1987.

–   *Memoria e identidad,* Santiago de Chile, Planeta, 2005.

KAHLER, Erich, *La torre y el abismo,* Buenos Aires, General Fabril Editora, 1959.

LABOA, José María, *Historia de la Iglesia. Tomo IV: Época Contemporánea,* 4 vols., Madrid, BAC, 2002.

LALOUP, Jean y otros, *La civilización del ocio,* Madrid, Guadarrama, 1968.

LEÓN XIII, Carta Encíclica *Rerum Novarum,* 1891.

– Carta Encíclica *Graves de Comunii,* 1901.

LERSCH, Philipp, *El hombre en la actualidad,* Madrid, Editorial Gredos, 1958.

LYOTARD, Jean François, *La posmodernidad (explicada a los niños),* Barcelona, Gedisa, 2003.

LIPOVETSKY, Giles, *La era del vacío,* Barcelona, Anagrama, 1994.

LYON, David, *Postmodernidad,* Madrid, Alianza, 2009.

MONTALBÁN, F., LLORCA B., GARCÍA VILLOSLADA, R., *Historia de la Iglesia Católica, tomo IV. Edad Moderna (1648 – 1958),* 4 vols., Madrid, BAC, 1958.

MAYOL, Alberto, «La tecnocracia: el falso profeta de la modernidad», en *Revista de Sociología,* Universidad de Chile, 2003, pp. 95-123.

MEYNAUD, Jean, *Problemas ideológicos del siglo XX,* Barcelona, Ariel, 1964.

MILLAS, Jorge, *El desafío espiritual de la sociedad de masas,* Santiago de Chile, Universidad de Chile, 1962.

MOUNIER, Emmanuel, *El miedo del siglo XX,* Madrid, Taurus, 1957.

MORIN, Edgar, y otros, ¿Sociedad de consumo o civilización del bienestar? El confort en cuestión, Buenos Aires, Rodolfo Alonso Editor, 1971.

MUMFORD, Lewis. *Arte y técnica,* Logroño, Pepitas de calabaza, 2014.

OBERNDORFER, Dieter, *La soledad del hombre en la sociedad norteamericana*, Madrid, Rialp, 1964.

ORTEGA Y GASSET, José, *Meditación de la técnica*, Madrid, Espasa-Calpe, 1965.

PAULO VI, Concilio Vaticano II, Constitución Pastoral *Gaudium et Spes*, 1965.

— Carta Encíclica *Populorum Progressio*, 1967.

Pío XI, Carta Encíclica *Quadragesimo anno*, 1931.

Pío XII, Carta Encíclica *Summi Pontificatus*, 1939.

— *Alocución a grupos italianos del Renacimiento Cristiano*, 22 de enero de 1947.

— *Discurso a los miembros de la Pontifica Academia de Ciencias*, del 8 de febrero de 1948.

— *Alocución a los jóvenes de Acción Católica masculina de Italia*, 12 de septiembre de 1948.

— *Radiomensaje de Navidad*, 23 de diciembre de 1950.

— *Radiomensaje de Navidad*, 24 de diciembre de 1951.

— *Alocución a participantes en el Primer Congreso Internacional de Histopatología del sistema nervioso*, 13 de septiembre de 1952.

— *Radiomensaje de Navidad*, 24 de diciembre de 1952.

— *Discurso a la Unión Cristiana de Jefes de Empresa de Italia*, 31 de enero de 1952.

— *Discurso a los participantes del Primer Congreso Internacional de Ingenieros,* el 9 de octubre de 1953.

— *Radiomensaje de Navidad*, 24 de diciembre de 1953.

— *Discurso a los delegados presentes a la Décima Asamblea General de Geodesia y Geofísica, 24 de septiembre de 1954.*

— *Radiomensaje de Navidad*, 24 de diciembre de 1954.

— *Alocución a los gerentes y asociados del Centro Deportivo italiano*, 9 de diciembre de 1955.

— *Alocución a la Asamblea Plenaria de la Pontificia Academia de Ciencias*, 24 de abril de 1955.

- *Radiomensaje de Navidad*, 24 de diciembre de 1955.
- *Alocución al Cuerpo Diplomático acreditado ante la Santa Sede,* 4 de marzo de 1956.
- *Alocución a miembros de la Sección Femenina el Comité para la Unidad y Universidad de la Cultura,* 26 de enero de 1956.
- *Alocución a la Federación Mundial de Juventudes Femeninas Católicas,* 3 de abril de 1956.
- *Radiomensaje de Navidad,* 23 de diciembre de 1956.
- *Alocución al Cuerpo Diplomático acreditado ante la Santa Sede,* 4 de marzo de 1956.
- *Radiomensaje al finalizar la misión realizada en Milán, 24 de noviembre de 1957.*
- *Radiomensaje de Navidad,* 22 de diciembre de 1957.
- *Alocución a miembros del Congreso Nacional Italiano de Artesanos,* 15 de febrero de 1958.
- *Radiomensaje a la Jornada de los Católicos, Berlín, Alemania Federal,* 17 de agosto de 1958.
- *Alocución a los participantes del XVIIº Congreso Internacional de la Industria del Gas,* 28 de septiembre de 1958.

POLO, Leonardo, *Presente y futuro el hombre*, Madrid, Rialp, 1993.

- *La persona y su crecimiento,* Pamplona, Eunsa, 3ª ed., 2015, en "Obras completas", tomo XIII.

POSNANSKI, Jacek, sj., «La tecnocracia frente a los límites de la razón moderna», *en La Tecnocracia*, ed., José Manuel Caamaño, Madrid, Sal Terrae, 2018, pp. 41-59.

RATZINGER, Joseph, y FRINGS, Joseph, «El concilio frente al pensamiento moderno», *Revista Humanitas,* 70, Santiago de Chile, 2013.

RETAMAL FAVOREAU, Julio, *Y después de Occidente ¿qué?,* Santiago de Chile, Andrés Bello, 4ª ed., 2003.

- *¿Existe aún Occidente?,* Santiago de Chile, Andrés Bello, 2007.

ROSALES, Amán, *Filosofía de la tecnología. Acción humana y contingencia histórica*, Bogotá, San Pablo, 2010.

ROUGEMONT, Denis, *La aventura occidental del hombre*, Buenos Aires, Editorial Sur, 1968.

SILVA, Sergio. ss.cc., *La idea de la técnica moderna en el Magisterio de la Iglesia. Desde Pío XII hasta Juan Pablo II (1985)*, Santiago de Chile, Pontificia Universidad Católica de Chile, 1989.

SAN AGUSTÍN, *De Trinitate*, en "Obras completas", V, Madrid, BAC, 2ª ed., 2006.

SANTO TOMÁS DE AQUINO, *Suma de Teología*, Madrid, BAC, 2ª ed., 2006.

TOURAINE, Alain, *Crítica de la modernidad*, Ciudad de México, Fondo de Cultura Económica, 2ª ed., 2000.

VAN GESTEL, Constant, *La doctrina social de la Iglesia*, Barcelona, Herder, 1959.